AF612219

Diseño: Gerardo Miño
Composición: Eduardo Rosende

Edición: Primera. Noviembre de 2021
ISBN: 978-84-18095-96-2
Depósito legal: M-24048-2021
Códigos IBIC: HBLA1 (Historia clásica/civilización clásica)
1QDAG (Antigua Grecia)
1QDAR (Antigua Roma)

Lugar de edición: Buenos Aires, Argentina / Barcelona, España

dirección postal: Tacuarí 540 (C1071AAL)
Ciudad de Buenos Aires, Argentina
tel-fax: (54 11) 4331-1565
e-mail producción: produccion@minoydavila.com
e-mail administración: info@minoydavila.com
web: www.minoydavila.com
redes sociales: @MyDeditores, www.facebook.com/MinoyDavila

JORGE FERNANDO NAVARRO

EL CONCEPTO DE JUSTICIA EN LA FILOSOFÍA DE EPICURO

Naturaleza y convención

Estudios del Mediterráneo Antiguo / **PEFSCEA Nº 23**

PROGRAMA 

ÍNDICE

Prólogo

Este libro, que nace de una genuina inquietud erudita –elaborado pacientemente, y confeccionado a partir de múltiples lecturas y perspectivas científicas en debate–, involucra en su indagación también a otro tipo de lector. Esta otra audiencia implícita, mucho más vasta, también podría preguntarse, con simple curiosidad humana, cómo sería posible –si lo fuera– fundamentar una filosofía para la cual sean compatibles (1) la reivindicación del impulso natural a una vida de placeres satisfechos, (2) la tendencia, por lo general menos espontánea, a la convivencia política con otros, pares, y (3) la afirmación de la justicia como virtud, con la renuncia altruista que esa afirmación comporta. Para esta última clase de lector, epicureísmo se identifica con un hedonismo sin matices, que difícilmente pueda justificar contemporáneamente su compromiso con el pensamiento de lo político, y vuelve problemático también el vínculo de esa visión hedonista con la virtud de la justicia. Esta lectura se explica por la preeminencia que han tenido en la historiografía del epicureísmo lecturas, como la ciceroniana, que han proyectado la imagen del individualismo epicúreo y, sobre todo, su lectura en clave apolítica. Habrá que decir también que para los lectores más agudos de Epicuro –entre ellos, el autor de este libro– algunas fórmulas que encontramos asociadas a su filosofía, como *láthe̱ bió̱sas* ("vive ocultamente", que puede verse reflejada en *Máximas Capitales* XIV) o como *oude politeúsesthai* ("no participar en política", referida por Diógenes Laercio), no son fáciles de comprender en el marco de un pensamiento propiamente político.

La argumentación que aquí se propone lleva a los lectores a descubrir en la teoría epicureísta de las pasiones el fundamento de su filosofía política; esto es, en las pasiones primarias, placer y dolor, y las secundarias, que son emociones políticas como la ambición, la cólera, el miedo, el odio, la envidia, el desprecio y el amor. Pero el eje de esta teoría está, indudablemente, en la caracterización que hace Epicuro del placer; esto es, la determinación precisa de qué lugar le cabe al placer entre los bienes para la buena vida, qué credenciales tiene para ser considerado el bien supremo. Ahora bien, este fue uno de los temas centrales del debate ético-político que plantearon las diferentes líneas filosóficas en Grecia entre fines del siglo V a.C. y comienzos del siglo IV a.C. La cuestión debía formar parte de las inquietudes de Sócrates y fue reformulada de modos diferentes por los intelectuales de su círculo. Es posible que, tal como aparece en los testimonios, el motivo central en Sócrates fuera el del autodominio (*enkráteia*) y desde allí la cuestión terminara por diseminarse en múltiples perspectivas éticas que de alguna manera u otra incluyen al placer.

Para el socrático Aristipo, que entendía al placer como bien supremo –y a la felicidad como una simple metáfora para referir a la colección de experiencias placenteras, particulares e inmediatas–, ser sabio consistía en advertir con precisión las dosis de placer y dolor que involucran las propias pasiones, asegurando así el relativo dominio de las propias tendencias y estados. En cambio, Antístenes, que consideraba al deseo erótico como una suerte de degeneración de la rectitud natural, negaba que el placer pudiera tener alguna función positiva en el autodominio. Antes que sentir placer, mera "distorsión de la satisfacción" de auténticas necesidades (la cita es del análisis de Claudia Mársico, en su traducción de los fragmentos), Antístenes prefería enloquecer.

Platón se aproxima a la cuestión del autodominio en la primera época: en el *Cármides*, la indagación sobre la sensatez, *sophrosýnē*, va acompañada de algunas observaciones relevantes (aun en el nivel dramático, teatral de su aproximación) sobre lo placentero y lo deseable. El tratamiento del placer gana profundidad en diálogos como *Gorgias* y *República*, donde se ponen en relación explícitamente la dimensión psicológica y la ético-política del tema. Pero el análisis más detallado del placer (sus especies, su carácter psico-somático) está en el *Filebo*, diálogo tardío en el que Platón imagina a Sócrates discutiendo con el hedonista Protarco en qué medida el placer y el intelecto contribuyen a la vida buena y al bien superior. En un ensayo que tituló, con un guiño provocativo, "Epicurus the Platonist", Marcelo Boeri explica, sobre una sólida base argumental, que la teoría de Epicuro "probablemente estaba reaccionando" a algunos desafíos planteados en el *Filebo* y que, "al elaborar algunos aspectos de su propia agenda hedonista", el maestro del Jardín sigue muy atento "las críticas de Sócrates al hedonismo crudo". Además de retomar del *Filebo* la importancia que tienen la memoria y la expectativa como factores que aumentan o producen placer, Epicuro –apunta Boeri– afirma "platónicamente" que la carne considera los límites del placer como ilimitados, mientras que la mente es capaz de calcular la meta y los límites para la buena vida.

La recepción crítica que hace la filosofía de Epicuro de varios aspectos del tratamiento aristotélico del placer (así como de la *philía*, en sus tres especies: por interés, por utilidad y por sí misma) aparece reconsiderada y discutida en diversos tramos de la argumentación de este libro. Como se sabe, estos temas ocupan más de un quinto de la exposición de las *Éticas*, y aparecen allí entrelazados con la discusión de naturaleza política y también con la cuestión de la justicia en la *pólis*. Ocurre que algunas de las clases de *philía* –sobre todo la que se identifica con el placer, pero también la que es en vistas de la utilidad– son para Aristóteles genuinamente egoístas, y no altruistas, como se debería esperar de la condición del ciudadano justo. El análisis que lleva a cabo Fernando Navarro permite entender el valor de estos planteos para la filosofía de Epicuro y también, en contexto, para la Atenas en proceso de vertiginosa transformación en la que transcurrió una parte importante de su vida de maestro. Sabemos que la escuela del Jardín se fundó unos dieciséis años después de la partida de Aristóteles de la ciudad (que huía, tras la muerte de Alejandro Magno, de un movimiento anti-macedónico y de la amenaza de un proceso cruento). La Academia seguía en plena actividad, pero ya no estaban al frente los que habían sido discípulos directos de Platón. Pero sobre todo era el proyecto filosófico de la *pólis* como centro de la vida el que estaba en crisis terminal.

En la *Epístola a Meneceo*, Epicuro define el placer como principio y como fin de la vida bienaventurada (*tou makarίǭs zē̱n*), pero este fin de la vida buena consiste, para el ser humano, en volverse autárquico, autosuficiente e invulnerable a los saltos de la fortuna *por medio del placer*. Ahora bien, Epicuro intentaba demostrar –como señala Pierre Aubenque, a cuya explicación Fernando acude, en un tramo central de su libro– que la justicia, entendida como virtud individual, se identifica con el placer, a contracorriente de la *communis opinio,* que la concibe destinada al beneficio de los demás. Al identificar a la virtud de la justicia con la *ataraxia,* al concebirla como virtud que es también capaz de "tranquilizar" con eficacia a quien la posee y la practica (porque es precisamente su contrario, la injusticia, la que provoca la turbación del alma), la noción epicúrea de justicia queda unida también a su singular teoría del placer. Que no es mero disfrute personal sino actividad que extirpa las opiniones equivocadas y las sustituye por estados mentales verdaderos y adecuados.

La investigación que da origen a este libro había mostrado, con sólidas herramientas de análisis de las fuentes y exhaustiva discusión de la literatura sobre el tema, que el concepto epicúreo de justicia no puede escindirse del entramado de la lógica, la física y la ética del maestro de Samos. Al confeccionar los capítulos que se ofrecen ahora, se parte entonces de esa trama compleja y, con delicadeza y generosidad, la argumentación va deshilvanando los motivos que han llevado tradicionalmente a una interpretación convencionalista o naturalista de la filosofía epicúrea. Justamente Fernando nos propone considerar el concepto de justicia subrayando la posición excéntrica que insinúa Epicuro respecto de la contraposición *nómos - phýsis* en la que se venía dirimiendo la cuestión desde finales del siglo V a.C. El análisis que propone no sólo se abre a la posibilidad de una reconstrucción global de la filosofía política epicúrea sino que permite reformular, a partir del eje naturaleza-convención, tanto su teoría física, como su gnoseología (con una lúcida revisión de la noción de *prólēpsis*) y reconstruir su concepción acerca del origen del lenguaje. En cuanto a los aspectos específicamente políticos de la filosofía de Epicuro, la argumentación va, de los comienzos de la asociación humana, al estatuto de las leyes, el progreso de la historia y el papel de la *prólēpsis* como criterio de lo justo.

A juicio de Lucrecio, Epicuro fue el primero "capaz de echar luz clara a partir de tanta oscuridad, iluminando los bienes de la vida" (*De rerum natura* 3.1-2), por eso –dice– él buscó dar a conocer su pensamiento, porque sólo a través de esa visión nocturna y penetrante sería posible alcanzar una vida tranquila y placentera. Lucrecio admite también que llegar a conocer y a poner en versos esa filosofía demandó esfuerzos e insomnios, pero lo hizo con un estímulo y una meta insuperables. Sus palabras, en el libro primero del gran poema de la naturaleza, podrían ilustrar muy bien el sentido de este libro: el propósito de su autor, la profundidad de su mirada, su actitud de sereno poeta de los argumentos, y la experiencia que espera a sus afortunados lectores:

> Pero tu valía, pese a todo, y el gusto que espero
> de tu grata amistad me anima a sobrellevar cualquier fatiga
> y me arrastra a pasar en vela noches tranquilas,
> buscando las palabras y los versos con que
> poder abrirle por fin claras luces a tu mente
> para que un día contemples en su hondura la realidad oculta.[1]

Ivana Costa
Universidad de Buenos Aires

1 Lucrecio, *De rerum natura* 1.142-145: sed tua me virtus tamen et sperata voluptas / suavis amicitiae quemvis efferre laborem /suadet et inducit noctes vigilare serenas / quaerentem dictis quibus et quo carmine demum / clara tuae possim praepandere lumina menti, / res quibus occultas penitus convisere possis. (Traducción castellana de Francisco Socas.)

Introducción

Diógenes Laercio ofrece un testimonio valioso, *Epikouros* —según manifiesta el doxógrafo— era un nombre poco utilizado. El término evocaba el sentido de "aquel que va en ayuda de otro"; así, pues, indicaba que un hombre resultaba ser un aliado o un camarada.[1] Platón, en la *República,* había presentado a los *epíkouroi* como aquellos jóvenes que se subordinaban a los verdaderos guardianes de la ciudad ideal que Sócrates diseñaba.[2]

Epicuro fue el nombre que recibió un filósofo ateniense que, sin embargo, había nacido al otro lado del Egeo, en la isla de Samos, el día 10 del mes de Gamelión del 341 a. C. Sus padres eran atenienses que habían emigrado cuando la isla fue recuperada por la *pólis* de Atenas y transformada en una colonia *(cleruquía)*. Este origen insular lo convirtió más de una vez en objeto de burla, como las de Timón —que Diógenes Laercio refirió en X, 3—, quien lo escarnecía al llamarlo "el que viene de Samos, ese filósofo de la naturaleza, el hijo de un maestro de escuela". Tal vez la referencia se deba a que, en la Antigüedad, se tenía a los habitantes de la isla como entregados a los placeres y faltos de carácter.

Epicuro decidió instalarse en Atenas hacia el 307-306 a.C. con el propósito de transmitir sus enseñanzas. Para ello compró una casa en las afueras de la ciudad, en la cual se concentraron rápidamente numerosos adeptos. Allí se encontraban reunidas, por entonces, las grandes escuelas filosóficas de la época; la de Epicuro se conoció como el *Jardín* por los huertos que se hallaban alrededor de la construcción central. La primera escuela filosófica en ser fundada,

1 Cf. *DL*, X, 19.

2 Cf. Platón, *Rep.* III, 415 a.

situada en los extramuros de la urbe ateniense, al noroeste, había sido la *Academia* de Platón; próxima a ella, se ubicó el *Liceo* de Aristóteles; en la zona este —siempre extramuros—, se construyó el *Jardín* (*Kêpos*); finalmente, los estoicos eligieron establecer el *Pórtico* intramuros, en las cercanías del ágora.[3]

Poco se sabe de la vida de Epicuro durante el período anterior a su llegada a Atenas. Solo se conoce que pasó un tiempo en Mitilene y Lámpsaco. De hecho, tal como lo atestiguan las cartas, estas comunidades jugaron un papel decisivo en la difusión del epicureísmo. Este se desarrolló a lo largo del período helenístico, tradicionalmente delimitado entre la muerte de Alejandro y la conquista romana, cuyo órgano cultural era la lengua griega bajo la forma de *koiné* o dialecto común. En aquel momento, la civilización griega había alcanzado a los pueblos mediterráneos y recibía, a su vez, fuertes influencias orientales. El vínculo entre civilización y *pólis* se vio debilitado, y ese proceso culminó con el ocaso de la autonomía de las ciudades-estado ante los imperios masivos de los sucesores de Alejandro. En el año 146, finalmente, Grecia quedó reducida a una provincia romana con el nombre de *Achaea*.

En estas circunstancias, como bien lo advirtió Víctor Goldschmidt (1986, pp.274-275), al verse privado de la *pólis*, que era el marco político natural del hombre griego, el individuo se vio, como nunca antes, expuesto a la experiencia de su soledad. La cuestión de la felicidad individual adquirió entonces una preponderancia inusitada. Así, las escuelas filosóficas de la época la asociaron con la naturaleza, el origen del cosmos y el universo mismo, que ofrecía una "réplica a la vez filosófica y religiosa del cosmopolitismo político". Sin embargo, hubo que esperar a los romanos para que, tras recoger la herencia de Grecia, realizaran el proyecto de un imperio universal.

Hacia la época en la que se produjo la muerte de Epicuro, su nombre se encontraba ya envuelto en una serie de polémicas filosóficas y de detracciones propiciadas por discípulos que habían abandonado sus enseñanzas. Sin embargo, no menos cierto es que, por efecto del uso que los primeros discípulos habían hecho de este patronímico al impartirlo a sus hijos, habían logrado popularizar el nombre propio del Maestro, y su filosofía era ampliamente re-

3 Cf. Séneca *Ep.* 79, 15= Us.188.

conocida.[4] Más aun, Diógenes de Enoanda, discípulo del siglo II d. C., quien inscribió las enseñanzas de Epicuro sobre las piedras de su casa, llegó a utilizar el verbo *epikourein* para designar la misión de la filosofía epicúrea: el anuncio de la felicidad dirigido a todos los hombres.[5]

Diógenes Laercio es la fuente privilegiada para la reconstrucción del pensamiento de Epicuro y de la primera generación de epicúreos. Resulta oportuno citar el *incipit* del Libro X de la *Vida de los filósofos ilustres*:[6] "Epicuro escribió muchísimo (*polygraphṓtatos*) superó a todos en el número de libros; son cerca de trescientos rollos de papiros (*kýlindroi*)".

Tal como se puede apreciar, Diógenes Laercio reconoce que Epicuro escribió "muchísimo", pero además y, fundamentalmente, destaca que en toda su obra no se encuentran citas o paráfrasis de otros filósofos. Allí radica la razón por la cual considera que Epicuro es un verdadero autor. Otra de las precisiones que ofrece Diógenes Laercio es el título de los escritos del Maestro del Jardín (*tà syggrámmata*); aunque aclara inmediatamente que solo se trata de los mejores (*tà béltista*) de ellos y no de su totalidad.

Por último, transmite, de modo completo, cinco obras. En primer lugar, el *Testamento* (§16-§21) de Epicuro, que si bien no tiene en sí un valor filosófico ayuda a ubicar en contexto la obra. Luego deja el testimonio de tres epístolas doctrinales destinadas, respectivamente, a Heródoto (§35-§83), a Pítocles (§83-§116) y a Meneceo (§121-§135). Por último, el testimonio de Diógenes se corona con una serie de cuarenta *Máxima Capitales* (§139-§154).[7]

La primera de las epístolas, dirigida a Heródoto, trata de la *phýsis* epicúrea. Por ello, resulta ser un escrito fundamental, ya que muestra el sentido que tiene para el hombre llevar adelante una investigación sobre la naturaleza. Además, presenta argumentos contundentes que marcan las diferencias de fondo que se establecen entre la doctrina atomística epicúrea y la democrítea. Asimismo, presenta el esquema fundamental de su doctrina del conocimiento.

---

4 Cf. *DL*, X, 26.

5 Cf. Diógenes de Enoanda, *fr.* 125, IV, 2 Smith.

6 Cf. Dorandi (2010).

7 Sobre la forma epistolar como modo de transmisión filosófica típica de Epicuro Cf. Spinelli (2012:147-174) y Arrighetti (2013:315-338).

En segundo lugar, la *Epístola a Pítocles* expone, a la manera de un breve compendio, problemas de los fenómenos celestes y, más específicamente, aquellos que se refieren a lo fenómenos atmosféricos (*tà meté̱ora*). Cabe señalar que, durante cierto tiempo, ya desde el epicureísmo romano, fue considerada una carta espuria. La crítica, sin embargo, ha logrado demostrar su autenticidad. El argumento probatorio sostiene que emerge, en esta carta, un aspecto cardinal de la metodología de la inferencia epicúrea, el método de las explicaciones múltiples.[8]

La carta por excelencia es la dirigida a Meneceo, puesto que determina la finalidad del sistema filosófico epicúreo. Allí se explicitan las razones por las cuales el placer es el fin connatural del hombre. El análisis de esta carta resulta imprescindible por facilitar una adecuada comprensión de la relación que los hombres establecen con los dioses; por su clasificación de los deseos; y por mostrar a la prudencia como culmen dentro del catálogo de virtudes que la filosofía griega había consagrado como tradicionales.

El ordenamiento propuesto por Diógenes Laercio se cierra con las cuarenta *Máximas Capitales*, cuyo eje es la presentación de la ética epicúrea en relación con los grandes tópicos de su filosofía: el tiempo, el placer, el cuerpo, el sentido del filosofar. Hacia el final, desde la *Máxima Capital* XXXI a la XXXVIII, se expone el núcleo del juicio de Epicuro sobre la justicia.

El ordenamiento temático, no obstante, no indica un orden de datación. En este sentido, los trabajos de reconstrucción de la obra mayor de Epicuro testimoniada por Diógenes Laercio (X, 27) —nos referimos al *Perí phýse̱os*, al cual, dada su complejidad, hemos resuelto dejar de lado en este trabajo— han permitido confrontar los escritos y lograr una probable fecha de producción de las epístolas. Así pues, si los primeros libros de los treinta y siete del *Perí phýse̱os* fueron, según Sedley, íntegramente escritos en su estancia en Lámpsaco —entre el 310-311 a.C y el 307-306 a.C—, se deduce que la *Epístola a Heródoto* tendría una datación aproximadamente simultánea o, a lo sumo, posterior al arribo de Epicuro a Atenas ya decidido a establecer allí su residencia —acontecimiento fechado en el 306 a.C.—.[9] En relación con la *Epístola*

8 Cf. Sedley (1973).

9 Cf. Sedley (1998:131 y ss.).

a Pítocles, podemos afirmar, sin vacilación, que se escribió con posterioridad a la de Heródoto, puesto que, en su §85, se lee una referencia al "breve epítome [que hemos enviado] a Heródoto" (*míkra epítome pròs Herodóton*). Por ello, parece verosímil establecer como el momento de su composición una fecha entre el 306 y el 304 a.C. Finalmente, la datación de la *Epístola a Meneceo* aún permanece incierta; sin embargo, hay un consenso en ubicarla entre 296-295 a.C.

Retomemos ahora el centro de nuestras disquisiciones y recordemos que, en las *Máximas Capitales* XXXI a XXXVIII, Epicuro, al presentar de un modo global su idea de justicia, la define como el resultado de un pacto entre los hombres y, por ello, como algo que no existe por sí; pero allí mismo considera, también, que posee un fundamento natural. Se enfrenta, pues, sin ambages al conflicto entre naturaleza y convención, para el cual la tradición filosófica griega ya había ofrecido diferentes tipos de soluciones.

No existe una oposición verdadera entre naturaleza y convención en lo que respecta al concepto de justicia propuesto por Epicuro, y es con el fin de demostrarlo que dicha noción se inscribe aquí en el entramado de su canónica, su física y su ética. Para Epicuro, las nociones de *phýsis* y *nómos* no se presentan como contrapuestas y excluyentes, sino que operan más bien como dimensiones que logran articularse. Así, el carácter sólo aparente del conflicto queda en evidencia al abordar también otros conceptos, tales como los de utilidad y seguridad.

Las leyes de la vida en común sólo son convenciones para Epicuro, quien niega la posibilidad de una justicia absoluta y que sea la naturaleza el fundamento de ella. En las *Máximas Capitales* XXXI, sin embargo, afirma que la naturaleza es el fundamento de la justicia, la cual funciona como garante de que los hombres no se dañen los unos a los otros. De este modo, introduce el referido dilema entre *phýsis* y *nómos* que resulta necesario elucidar en virtud de establecer su verdadera dimensión.

En sus consideraciones sobre el origen de la justicia, el filósofo enfatiza que no se trata de un simple contrato iniciado por el compromiso de no causar ni recibir un daño, pero ello tampoco significa que la justicia exista en sí y por sí. Según Epicuro, se origina en el desarrollo de una disposición humana hacia lo útil; tal lo manifiestan los argumentos que demuestran que la utilidad o conveniencia en las relaciones recíprocas entre los hombres exige de la convención. Sin embargo, esta no resulta una negación pura y simple de la naturaleza, sino que, por el contrario, la presupone como garantía de la obtención del placer; dicho rol demanda una explicación de los alcances de la ética epicúrea en la medida en que se presenta como una ética de conformidad a la naturaleza.

Epicuro exhorta a cada hombre a considerar sus actos de modo tal que obren el fin (*télos*) último y connatural de la vida, que es el placer. Advierte, no obstante, que, aun cuando el placer es el bien primero, muchas veces resulta necesario no realizar ciertos placeres si de éstos se sigue un dolor mayor. Ciertamente, en el sistema filosófico epicúreo, el placer es entendido como ausencia de dolor en el cuerpo (*aponía*) y de turbación en el alma (*ataraxía*), mientras que la justicia actúa como garante de su consecución.

Ahora bien, Epicuro señala, en diversos contextos de su obra, que la naturaleza debe ser entendida como la totalidad de las cosas, pero, también, como aquello que constituye a cada una de ellas. Por lo tanto, el naturalismo epicúreo no se resuelve ni en un providencialismo finalista ni, menos aún, en un finalismo interno. En tal sentido, la gran tarea del hombre no puede consistir sino en hallar para sus actos un fin acorde a la naturaleza, aunque esta nunca prescriba normativamente lo que debe realizarse.

En lo que respecta al estatuto ontológico de las comunidades sociales y al lugar que ocupan en el proceso de la naturaleza, el epicureísmo ha narrado en detalle su génesis e institución y ha descrito que se desarrollan y evolucionan por la capacidad adaptativa que el hombre ha cultivado. Es decir, el hombre no se opone a la naturaleza, sino que, por el contrario, aprende de ella por la experiencia y desarrolla así los medios adecuados para lograr su adaptación. En este marco, resulta atendible que, en relación con el problema central acerca de un fundamento natural y convencional del concepto de justicia, Epicuro argumente que la justicia no puede ser definida únicamente como una virtud que desarrolla el hombre replegado sobre sí para satisfacer su deseo de una vida feliz. Se trata, ante todo, de una virtud social, la cual se presenta como propia del hombre inserto en una determinada comunidad.

Se nos ha revelado, pues, que la justicia se da por convención en el seno de una comunidad, ya que el hombre no se encuentra separado y aislado, sino que reconoce a otros hombres. Por lo tanto, el logro de la virtud individual de justicia no se alcanzaría completamente si no fuese posible establecer una justicia convencional. Las argumentaciones epicúreas referidas a la justicia en tanto virtud individual y en tanto convencional están guiadas por el placer. Esto significa que el principio de que no se debe dañar al otro ni aceptar ser dañado por él se fundamenta en la reciprocidad existente entre los hombres, así como en la búsqueda del placer. Habrá que mostrar, sin embargo, que el acto de dañar a otros comporta un dolor a evitar, por lo cual se hace necesario, en primer término, extirpar el deseo de su realización. Aunque también deba tenerse en cuenta que el acto de dañar a otros lleva implícita la posibilidad del castigo.

Para Epicuro, es posible sostener que todo daño produce una perturbación del alma, y ello es, precisamente, lo que hay que desterrar para tener una vida feliz. Si perjudicar a los otros trae aparejada una serie de dolores que requieren ser suprimidos y si los hombres, no obstante ello, se han mostrado incapaces de no ocasionarse dolor unos a otros, entonces, la justicia convencional de una comunidad —expresada en sus leyes— resulta necesaria y beneficiosa por el potencial castigo derivado de su aplicación.

En este punto afloran, pues, los argumentos que le permiten a Epicuro confrontar su filosofía política con el conflicto entre *phýsis* y *nómos*. El filósofo considera que la justicia, en un primer momento, es el resultado de un proceso natural y que luego, en una etapa avanzada de la evolución, se establece convencionalmente, para concluir afirmando que, en el ámbito comunitario, la justicia convencional —garantizada por la naturaleza— se presenta como una ventajosa utilidad que favorece a todos los hombres.

Las corrientes interpretativas sobre la filosofía epicúrea —particularmente, desde los inicios del siglo XX— han adoptado, en general, una lógica binaria. La concepción epicúrea de la justicia ha sido insertada, en consecuencia, dentro de una matriz teórica restrictiva —o bien naturalista, o bien convencionalista—, ya que se la ha vinculado de modo directo con el conflicto entre *phýsis y nómos* analizado en detalle por la sofística.

Usener (1887) fue quien propuso en primer lugar, en su monumental obra *Epicurea,* una exégesis por la cual no se les reconocía a las *Máximas Capitales* sobre la justicia más que un papel secundario, dado que la filosofía epicúrea invitaba a vivir ocultamente (*láthe̱ bió̱sas*). Y fue la marcada impronta de esta interpretación la que llevó a Diels a atribuir erróneamente la autoría de las *Máximas Capitales* al discípulo del *Jardín* Hermarco, quien —tal como quedó testimoniado por Porfirio— se había interesado por los orígenes de la sociedad.

Philippson (1910; 1983), por su parte, ha defendido la tesis de que es la *phýsis* (naturaleza) la que fija una generalidad a la cual también la justicia debe atenerse. Es por ello que define la virtud de la justicia como una disposición natural y se centra, además, en la *Máxima Capital* XXXI para justificar la traducción de la expresión *katà phýsin* como "según naturaleza". Esta línea hermenéutica interpretó que el derecho y la justicia epicúreos se fundamentan, de modo unilateral, en la naturaleza y que ella constituye el único marco normativo y de universalización de todas las leyes y costumbres de la *pólis*. No se puede desconocer que el mérito de Philippson fue llamar la atención sobre el concepto de justicia, que era un tópico no considerado a la hora de abordar este problema respecto del epicureísmo. No obstante, la gran dificultad que presenta es la de argumentar sobre la existencia de un derecho natural que resulta ser congénere del proceso de constitución de la racionalidad.

Quizás la limitación más importante de esta línea hermenéutica sea la de haber desatendido el carácter convencional de la justicia epicúrea, lo cual condujo a que el problema central de la articulación entre la índole convencional y natural de la justicia quedara sin explicación. En efecto, nunca se problematizó la perspectiva epistemológica que Epicuro desarrolla a través del concepto de *prólepsis* para exponer su noción de justicia ni la complejidad del naturalismo epicúreo.

La convicción de que en la idea de naturaleza radica uno de los aspectos más ricos y complejos de su filosofía ha sustentado la presente indagación de los fragmentos en los cuales Epicuro define este concepto fundamental. Según el filósofo del Jardín, la relación de los hombres con la naturaleza se revela mediante la capacidad racional que perfecciona aquello que la naturaleza les ofrece. Además, desde un punto de vista ético, el hombre está llamado a ajustar sus acciones en dirección al placer, que constituye su "fin natural". Sin embargo, la naturaleza no determina para el hombre normas de acción. En efecto, aun cuando el hombre desarrolla de manera singular su propia naturaleza, ésta procura armonizarse con la naturaleza total.

En el célebre Coloquio de la Association Budé de 1968, Müller —en abierta crítica a la postura de Philippson— discutía que se partiera de la contraposición entre *phýsis* y *nómos*, ya que —según su interpretación— se introducía un debate ajeno a la filosofía epicúrea. A su juicio, Epicuro había superado esta antítesis de modo creativo, puesto que, aun cuando se puede leer el vínculo que los hombres entablan con la naturaleza, no se puede deducir que el derecho y la justicia se deriven de forma directa de ella. Así, fue Müller (1983) uno de los primeros autores que reparó en la importancia del naturalismo epicúreo para la noción de justicia y en la necesidad de afirmar la concordia que se establece entre el hombre y la naturaleza. Aunque, por otra parte, fue en cierto grado inconsecuente con esta percepción, ya que concluyó que "para los atomistas no hay valores que puedan ser deducidos de un arreglo razonable del universo".

Goldschmidt (1977) no aceptó las tesis precedentes, por lo cual profundizó la posición de Zeller (1909), quien había situado la definición epicúrea de justicia en continuidad con la antítesis sofística entre *phýsis y nómos*. En el exhaustivo trabajo de Goldschmidt, el concepto de justicia epicúreo no se establece a partir del análisis de su origen, sino que se reconstruye mediante la caracterización de las cualidades de la teoría del derecho epicúrea. Aunque el autor se manifiesta reticente a conceptuar la justicia epicúrea como convencionalista, destaca, no obstante, en su trabajo, la prioridad de lo convencional y su justificación sobre la base de la utilidad. Intenta explicar, así, que para Epicuro es imposible delimitar la justicia sin presuponer un esquema contractual capaz de establecer reglas de interés comunes. Por ello, no le otorga valor al concepto de naturaleza para fundamentar la noción de justicia y se detiene, en cambio, en el concepto de pacto (*sýmbolon, Máxima Capital* XXXI), término tan discutido entre los especialistas —como es sabido, puede significar signo, pacto o garantía—.

No poca razón le asiste a Goldschmidt al interpretar que las *Máximas Capitales* sobre la justicia se organizan como un todo cuya exposición se despliega mediante un procedimiento que va de lo general a lo particular; sin embargo, al sostener en su traducción que el "derecho es según su naturaleza", afirma de manera contundente que "es y no puede ser sino positivo". Este tipo de exégesis, a nuestro parecer, desdeña el lugar que la noción de naturaleza tiene en todos los aspectos de la filosofía epicúrea, tanto como su papel axial en el concepto de justicia.

A favor de una lectura convencionalista y en contra de una legitimación naturalista, se ha pronunciado de modo enfático Vander Waerdt (1987); el argumento principal con el cual sustenta esta posición subraya que, para Epicuro, las diferentes normas responden a las conveniencias de una comunidad en relación con una época determinada en la cual surgen. Precisamente, lo útil de una comunidad, según Vander Waerdt, es el fundamento de la justicia, el cual no tiene ninguna base en la naturaleza. De lo expuesto se concluye que no hay en Epicuro ningún derecho natural ni universal. Asimismo, hay otra razón de peso que brinda el autor. Este señala que, para el epicureísmo, el hombre no es por naturaleza un animal político, y que, por lo tanto, no construye sus comunidades por naturaleza, y menos aún sería capaz de legitimar la justicia con estos argumentos.

Una línea exegética opuesta a las anteriores se encuentra representada por Long (2006) y Alberti (1995), quienes argumentaron la necesidad de apreciar el valor del naturalismo epicúreo. Atribuyen a Epicuro una especie de naturalismo jurídico, dado que afirman la existencia de una justicia natural prelegislativa, la cual se continuaría en una justicia jurídicamente instituida. Sin embargo, tales afirmaciones comportan una disminución del valor convencional del concepto de justicia epicúreo que es innegable en los argumentos del filósofo.

En el marco de la renovación de los estudios sobre el epicureísmo que ha tenido lugar en los últimos años, el camino hermenéutico seguido por Morel (2000a; 2009) nos ha permitido examinar, bajo una nueva luz, la articulación entre naturalismo y convencionalismo. Para el especialista francés, toda la filosofía de Epicuro podría interpretarse como un naturalismo racional, de manera tal que naturaleza y razón se verían despojadas de su carácter antagónico. Además, si hay una noción capaz de patentizar la superación epicúrea de la antinomia entre *phýsis* y *nómos*, esa es, para Morel, la de justicia.

Por nuestra parte, sostenemos que la singularidad de este concepto epicúreo radica en definir lo justo mediante la correlación entre el naturalismo y el convencionalismo. Por ello, procuramos explicar que es natural que, en su vida comunitaria, los seres humanos requieran de la justicia, y afirmamos que, de manera concomitante, el contenido de dicha justicia está dado por el acuerdo convencional entre ellos. El núcleo de nuestra exposición se apoya en el análisis de las ocho *Máximas Capitales* que se refieren a la justicia; y, de manera complementaria, se abordan aspectos de la *Epístola Meneceo* y la *Epístola a Heródoto* —en las cuales se encuentran las únicas exposiciones originales y sistemáticas de la ética y la filosofía de la naturaleza epicúreas—. Además, se examinan los escritos doxográficos de Aecio y, en especial, el Libro X de la *Vida de los filósofos ilustres*, de Diógenes Laercio, porque constituyen una fuente decisiva de información sobre el epicureísmo.

Una idea generalizada ha mostrado al epicureísmo como una escuela cuya filosofía, desde su fundación y por más de tres siglos, se mantuvo fijada a una doctrina monolítica y dogmática. Lo cierto es, sin embargo, que en ella se encuentran matices y diferencias de la mayor significación en cuanto a aspectos fundamentales del sistema. Por esta razón, solo en virtud de la necesidad de ampliar determinados tópicos —como la génesis de las sociedades; o profundizar sobre el segundo criterio de verdad, la *prólepsis*—, se apeló al epicureísmo posterior. Examinamos el punto de vista de los continuadores inmediatos luego de la muerte de Epicuro, Hermarco y Polístrato; y a filósofos epicúreos que no mantuvieron un contacto directo con el maestro, como Filodemo de Gadara y Diógenes de Enoanda. Igualmente, recurrimos a la obra del poeta romano Lucrecio. Es sabido, por último, que el epicureísmo encontró una lectura aguda, y a la vez polémica, en tres autores a los que también invocaremos: los académicos Cicerón y Plutarco y el escéptico Sexto Empírico.

Para la reconstrucción de las nociones fundamentales de la filosofía epicúrea que atañen especialmente al objeto de nuestras indagaciones,[10] parte de la tarea ha consistido en delimitar el campo semántico conformado por estos conceptos: justicia (*dikaiosýnē*), lo

10 Utilizamos la edición de Arrighetti (1973); también, para algunos pasajes cotejamos con la edición de Long y Sedley (1987) y la traducción de Delattre y Pigeaud (2010).

justo (*tò díkaion*), naturaleza (*phýsis*), ley (*nómos*), pacto (*sýmbolon*), placer (*hēdonḗ*), imperturbabilidad del alma (*ataraxía*), no dolor en el cuerpo (*aponía*), anticipación (*prólēpsis*), límite (*hóros*); con el mismo propósito, hemos trazado las líneas internas de vinculación entre dichas nociones.

Un primer problema versa sobre el carácter sistemático de la filosofía epicúrea, es decir, partimos de la idea de que todo concepto tiene una explicación y desarrollo dentro de la tripartición de la filosofía en física, canónica y ética. En segundo término, el análisis de los fragmentos epicúreos se focalizó en la ambivalencia que recorre toda su filosofía. Dicha ambivalencia alcanza una intensidad crítica en lo relativo a la determinación del tipo de hedonismo postulado por Epicuro; es decir, al tratar de distinguir si nos encontramos ante un hedonismo psicológico o ético.

Por otra parte, con vistas a establecer que, efectivamente, en el concepto epicúreo de la justicia se articulan de modo coherente elementos naturalistas y convencionalistas, hemos diseñado nuestro trabajo en dos partes.

La primera de ellas, se centra en el naturalismo epicúreo. Allí nos proponemos establecer las correlaciones existentes entre las tesis de la canónica, la física y la ética de Epicuro, porque todas sus consideraciones referidas al concepto de lo justo encuentran su fundamento en la ética. No debe olvidarse que se trata de una ética hedonista, mínima, racional, naturalista y teleológica. Por ello, habrá que mostrar que el hombre tiene la capacidad de investigar la naturaleza (*physiología*), y sólo ese estudio le descubre que ella se presenta sin intenciones ni valores. Es decir que, a diferencia de lo propuesto por otras escuelas filosóficas, la naturaleza, tal como la entiende el epicureísmo, no ofrece ninguna forma de normatividad. En esta parte, cobra especial significado el método inferencial como fundamento de la singularidad de la ética epicúrea; dicho método surge de la unión entre la intuición natural del placer y el sobrio razonamiento.

En la segunda parte, nos abocamos al análisis de cada una de las ocho *Máximas Capitales* que conforman la serie referida a la justicia. Pensamos que el marco adecuado de comprensión de cada una de ellas es la reflexión que Epicuro y sus seguidores efectúan sobre la génesis de la sociedad humana, el punto de vista político de la justicia y el valor ético-político que tiene para el sabio la obediencia a las leyes. Nuestra propuesta intenta alejarse de la lectura canónica, que establece un orden de derivación por el cual el hedonismo individualista y el utilitarismo tendrían, como efecto inmediato, el apoliticismo epicúreo. Por el contrario, entendemos que, a partir de los fragmentos, es viable interpretar que se trata de hedonismo ético, esto es, de una filosofía del límite, la cual expone una profunda reflexión política.

Desde un punto de vista epistémico, la *prólepsis* —segundo criterio de verdad— ha sido explicada en su función lógica y psicológica, pero no se ha reparado en su capacidad metodológica. En este sentido, hemos intentado exponer que estas *Máximas Capitales* que definen lo justo adoptan como modelo a la *prólepsis*, la cual se desempeña allí como un esquema conceptual que limita la posibilidad de las variaciones. Es decir que la *prólepsis* de lo justo funciona como un criterio de inferencia. Asimismo, en esta línea epistémica, apelamos a la teoría de los relativos del epicureísmo, la cual amplía las condiciones ontológicas de inteligibilidad de la justicia, puesto que permite afirmar que no es el resultado de una ficción derivada de un convenio subjetivo y relativista, sino el corolario de un acuerdo mutuo entre los hombres que garantiza la seguridad para el desarrollo de la vida de cada uno de ellos.

Así, queda a la vista que, en el caso específico de la justicia, la naturaleza no confronta con la convención. De modo tal que estas nociones no resultan excluyentes entre sí, sino que se articulan. Ello recibe plena confirmación a la luz del sistema filosófico general, el cual incluye —como ya se recordó— la canónica, la física y la ética.

— Primera parte —

El naturalismo epicúreo

Capítulo I

El pensamiento de la naturaleza en Epicuro

Para ilustrar los términos en que se solía caracterizar a Epicuro como un naturalista, puede partirse del testimonio, nada amable por cierto, que Timón ofrece del Maestro del Jardín, a quien alude con las siguientes palabras: "Este es el más reciente de los físicos y el más impúdico, este que viene de Samos, el hijo del maestro de escuela, el más inculto de los vivos".[1] Incluso con el descrédito que denota la expresión, queda a la vista que Epicuro había sido contado, ya en su tiempo, entre los filósofos de la naturaleza; dicha versión estaba muy alejada todavía del perfil de moralista con el cual se lo consagró posteriormente.

Sin embargo, a fin de alcanzar una adecuada comprensión del naturalismo epicúreo, debemos comenzar por desmontar la imagen de la naturaleza concebida como el espacio propio en que se desarrolla la vida del sabio. Esta visión llegó hasta nosotros, ante todo, a través de la Modernidad temprana, que ponderaba en un sentido bucólico los paisajes pintados por Lucrecio o la invitación de Horacio a vivir de modo natural.[2]

Más aún, la constelación de significaciones que opera en el campo semántico del término *phýsis* dentro de los fragmentos epicúreos contradice por igual a la visión de Epicuro como un hombre "inculto" y a la representación bucólica de la naturaleza. Así, observamos que, en el sentido técnico de la física epicúrea, *phýsis* designa de modo simultáneo a los átomos[3] y a la natura-

1 Cf. Timón Fr, 825; *DL*, X, 3.

2 Cf. Lucrecio, *DRN*, II, 29-3; Horacio, *Ep.* I, 10, 12-22.

3 Cf. *Ep. Her*, §41.

leza intangible del vacío (*anaphḗs phýsis*),[4] que son los principios (*arkhaí*) o elementos (*stoxeía*) últimos de todas las cosas. Nombra, también, la estructura propia de los cuerpos compuestos[5] y la de los agregados sutiles —ya se trate de los dioses[6] o de los simulacros—,[7] a la vez que refiere a las cosas tomadas como naturalezas completas[8] —que existen en oposición a las propiedades y a los accidentes—[9]. Hacia el final de la *Epístola a Heródoto*, el término es utilizado, además, para caracterizar a la naturaleza como "la totalidad de las cosas" o "conjunto de la naturaleza",[10] a la cual Epicuro señala allí como el objeto de estudio propio de la *physiología* —filosofía natural—.[11] Por último, el Maestro del Jardín se vale del término *phýsis* para distinguir entre los sentidos de *ser una naturaleza* y *tener una naturaleza.*[12]

En cuanto a su caracterización, la física epicúrea puede ser abordada mediante dos tesis que resultan compatibles entre sí. Por una parte, constituye una física atomista, pues postula que "todos los cuerpos, o bien son cuerpos pequeños indivisibles, o bien se componen de cuerpos pequeños indivisibles". Recordemos que, ya en el inicio de la *Epístola a Heródoto* §40, se señalaba la existencia de cuerpos que son compuestos (*sýnkriseis*) frente a otros que son aquellos a partir de los cuales se forman los compuestos; estos últimos son indivisibles (*átoma*) e inalterables.[13]

Como adelantamos, los átomos han sido definidos por Epicuro como principios (*arkhaí*), ya que son los que constituyen la naturaleza de los cuerpos; al menos así lo presentaba cuando afirmó que "los principios (*arkhaí*) indivisibles (*átoma*) son necesariamente la naturaleza (*phýsis*) de los cuerpos (*sômata*)".[14] Este argumento

---

4 Cf. *Ep. Her*, §40; *Ep. Pít*, §86.

5 Cf. *Ep. Her*, §49; *Ep. Pít*, §90.

6 Cf. *Ep. Her*, §78; *Ep. Pít*, §113; §115.

7 Cf. *Ep. Her*, §48.

8 Cf. *Ep. Her*, §40; §68-§69.

9 Cf. *Ep. Her*, §70-§71.

10 Cf. *Ep. Her*, §75.

11 Cf. *Ep. Her*, §83.

12 Cf. *Ep. Her*, § 40 y §68-69 y §83.

13 Cf. *Ep. Her*, §42; Lucrecio, *DRN*, I, 483-484; Diógenes de Enoanda. *fr.* 6. II, 10-11, Morel.

14 Cf. *Ep. Her*, §41.

atomista, erigido en piedra angular de la *physiología* epicúrea, es complementado, sin embargo, por el Maestro del Jardín, con otros esquemas que conforman la física materialista. Ambas tesis, la materialista y la atomista, deben ser memorizadas por los hombres a fin de desterrar los errores que conducen a la turbación del alma y al dolor del cuerpo.

De este modo, las seis proposiciones materialistas elementales quedaron establecidas por nuestro filósofo en el inicio mismo de la *Epístola a Heródoto* §39-§44[15] de la siguiente manera:

1. Nada viene de lo que no es ni desaparece en lo que no es.[16]
2. El todo está compuesto de átomos y vacío, que son las únicas naturalezas completas, es decir, que son existentes *per se*.[17]
3. Entre los cuerpos, algunos son compuestos; otros son simples y resultan ser aquello de lo cual los compuestos están formados.[18]
4. El todo es infinito; infinito es el número de los átomos e infinita es la extensión del vacío.[19]
5. Las formas atómicas no pueden ser concebidas como infinitas.[20]
6. Los átomos se mueven constantemente y sin finalidad debido a la existencia del vacío.[21]

Estas proposiciones interdependientes —Epicuro las denominaba esquemas (*týpoi*)— no se limitan a explicar solo la composición de la materia, sino que dan cuenta de las razones por las cuales la *physiología* se constituye en el punto de partida necesario para inferir todo otro conocimiento referido a la naturaleza. En tal sentido, se confirma, una vez más, el carácter sistemático de la filosofía epicúrea y, por ende, la existencia de un vínculo indisociable entre su física, su canónica y su ética. La adecuada sustentación

15 Cf. Gigandet (2007: 58-66); Morel (2009: 29-38); Pesce: (1981: 60-63); Verde (2013: 89-106).

16 *Cf. Ep. Her*, §38-§ 39; Lucrecio, *DRN*, I, 159-173 y I, 225-237.

17 Cf. *Ep. Her*, §39-§ 40; Lucrecio, *DRN*, I, 419-444; Sexto Empírico, *Contra Profesores*, X, 2 = Us. 271.

18 Cf. *Ep. Her*, §40-§ 41; Lucrecio, *DRN*, I, 503-598.

19 Cf. *Ep. Her*, §41-§ 42; Lucrecio, *DRN*, I, 958-997.

20 Cf. *Ep. Her*, §42-§ 43; Lucrecio, *DRN*, II, 730-833.

21 Cf. *Ep. Her*, §43-§ 44; Lucrecio, *DRN*, II, 80-124.

de la tesis "materialista"[22] no debe conducir a soslayar, por tanto, la fuerza explicativa propia del principio inmaterial del vacío.

Consecuentemente, la ciencia de la naturaleza (*physiología*) queda formulada como la investigación de la causa (*aitía*) de los fenómenos fundamentales[23] la cual está conformada por dos realidades contrarias: átomos y vacío. Mientras que los átomos son corpóreos e impenetrables, el vacío —que no puede actuar ni sufrir— es intangible;[24] aún así, ambos principios operan en mutua correspondencia, sin que nunca el uno importe la exclusión del otro. Existe, además, aquello que se designa como propiedad (*symbebēkós*) o accidente (*sýmptōma*) de los átomos. De esto resulta que las cosas, las inanimadas —como una piedra—, y hasta los dioses mismos, no constituyen sino cuerpos agregados (*sýnkriseis*) de átomos y vacío.

En dicho marco, los argumentos epicúreos dan cuenta del rol decisivo que juega la concepción del movimiento en esta teoría física, según la cual los átomos poseen intrínsecamente la causa de su movimiento. Es así que tienden, de manera continua, a agregarse según sus formas, a la vez que ostentan, también, la capacidad de desintegrarse; y todo ello se realiza en virtud de la presencia del vacío dentro de cada agregado. La gran diferencia que media entre los agregados y los principios de átomos y vacío reside en que, mientras la existencia de los primeros tiene un comienzo y un fin, esto no resulta aplicable ni para los átomos ni para el vacío, pues son eternos e indisolubles. Esta es, asimismo, la razón principal de que a los agregados les correspondan cualidades como, por ejemplo, el color. Los cuerpos eternamente inmutables, en cambio, no poseen cualidades que varíen con el tiempo; estas últimas solo pertenecen a los agregados, y dependen de su específica estructura atómica y de la configuración particular que aquellos asuman. En cuanto a los átomos, no tienen otros caracteres reconocibles que la figura (*skhēma*), el peso (*báros*) y el tamaño (*mégethos*).

Como puede verse, determinar las razones por las cuales el atomismo constituía la mejor teoría para explicar los procesos de composición y generación de los fenómenos se convirtió en una

22 Cf. Sedley (1996: 313-316); Betegh (2006).

23 Cf. *Ep. Her*, §78.

24 Cf. *Ep. Her*, §67.

de las principales metas de la reflexión epicúrea. Dicho esto, es preciso aclarar que no nos ocuparemos ni de la recepción que el filósofo de Samos hizo de los atomistas Leucipo y Demócrito[25] ni de la respuesta que elaboró para atender a la crítica contundente que Aristóteles ya les había formulado.[26] Aun cuando aquí se ofrece solo una síntesis acotada de su sistema, resulta evidente que Epicuro se apropió con determinación reflexiva de las tesis del atomismo antiguo; especialmente, al hacer de los átomos los elementos últimos de todos los fenómenos. Esto no opaca, sin embargo, el gran aporte realizado a dicha filosofía natural por el Maestro del Jardín con relación a tres aspectos fundamentales: el número de las diferentes formas de átomos,[27] la estructura de estos y la variedad de los movimientos atómicos.[28] Los argumentos relativos a este último tópico y la explicación acerca de por qué los movimientos forman los compuestos constituyeron para Epicuro el mayor desafío. En respuesta a este problema, postuló que es el número ilimitado de átomos y su constante viaje en el vacío —este también sin límites— lo que permite la formación de los infinitos mundos. De allí que estos, tanto como los cuerpos que se generan dentro de ellos, se agreguen y disuelvan constantemente en la eternidad del tiempo y en la infinitud del espacio. Así, el mundo que conocemos no presenta ningún carácter principal o privilegio respecto a la generación de otros, los cuales pueden asumir formas diferentes.[29] A consecuencia de estas especulaciones, el filósofo de Samos concluye, pues, que en la generación del cosmos no interviene ningún alma divina racional y providencial, sino una serie de razones genuinamente físicas propias de la cinética atómica desplegada en ese constante proceso de agregación y disgregación.

En efecto, para Epicuro y los epicúreos posteriores, la constitución del mundo no obedece a ninguna causa final ni requiere de

25 Cf. Cic., *De Nat Deor.*, 1, 73; Plutarco, *Contra Colotes*, 1108e.; Morel (1996: 249-54); Warren (2002: 193-200).

26 Cf. Aristóteles, *De Caelo* 303a 6-7 y 305b1-5; *Met.* 1039a 3-10; *De Generatione et Corruptione* 325 a 34-36 y 325b 29-326 a 6; Gigante (1998: 39-92); Furley (1967); Morel (1996: 83-92).

27 Cf. *Ep. Her*, §42; Lucrecio, *DRN, II, 524-525;* Simplicio, *Comentario sobre la Física de Aristóteles,* 82, 1-3.

28 Cf. *Ep. Her*, §43-§44 y §61-§62; Lucrecio, *DRN, II,* 80-124.

29 Cf. *Ep. Her*, §73-§74.

ninguna teología que legitime todo el proceso, algo que sucede tanto en el *Timeo*, de Platón, como en la cosmología estoica.[30] Ahora bien, aun cuando no existe una disposición divina que origine la naturaleza, ella exhibe una estructura perfectamente ordenada y posee en sí todas las condiciones para el desarrollo de la vida de todas las cosas. Esto significa que son solo los átomos —numéricamente ilimitados, sin mediación divina y sin que opere una causa final— los que, en el vacío y a través de la combinación de ciertas formas propias —las cuales, como se recordará, no son ilimitadas—, producen las series de agregaciones —que, necesariamente, tienden a repetirse—. Además, el "orden" de cualquiera de los infinitos mundos llega a un término, causado siempre por la disgregación atómica. Así pues, las mismas razones físicas que llevaron a generar esos mundos son las que, en un momento dado, provocan su final.

De los aportes epicúreos que contribuyeron a la consolidación del atomismo como una filosofía natural consistente, sin dudas, la existencia del movimiento que nunca cesa —axioma seis— es la que interesa mostrar con mayor detalle.[31] Según dicha filosofía atomística, el movimiento acontece debido a que los átomos siempre están separados de facto por el vacío. Esta afirmación tiene un carácter determinante, pues es en virtud de ella que los átomos se mueven en el vacío a igual velocidad, cualquiera sea su peso, sin que nada les impida el desplazamiento. En tanto los átomos y el vacío son sus principios constitutivos, la naturaleza se halla ontológicamente completa con todo el movimiento que necesita para la vida. Desde un punto de vista epistémico, el movimiento no requiere de explicación, ya que su existencia resulta evidente. No ocurre lo mismo con las variedades de movimientos atómicos, que pueden caracterizarse bajo tres tipos: caída, choque y declinación. Es decir, los átomos se mueven hacia abajo a causa de su propio peso,[32] y se ven afectados por los choques atómicos que alteran su dirección.[33]

---

30 Cf. *Ep. Her*, §45; §73-§74; *Ep. Pit*, §88; Lucrecio, *DRN*, II, 1052-1104; IV 823-857; V, 156-234; Cicerón, *De Nat. Deor.*, I, 18-23; Sedley (2011:151-176).

31 Cf. *Ep. Her*, §43-§44; Sexto Empírico M 7.214.

32 Cf. *Ep. Her*, §61; Lucrecio, *DRN*, II, 190.

33 Cf. *Ep. Her*, §46-§47 y §61-§62; Lucrecio, *DRN*, II, 216-250.

No obstante la agudeza de tales señalamientos, la contribución más trascendente del epicureísmo en este terreno —con consecuencias no solo para la filosofía de la naturaleza, sino, fundamentalmente, para la dimensión ética— consiste en la explicación de la desviación atómica —*clinamen* en latín, *parégklisis* en griego—. Según Lucrecio y Diógenes de Enoanda esta doctrina epicúrea resultó decisiva para la reforma del atomismo. Desde la perspectiva de Diógenes de Enoanda, discípulo del siglo II d.C., el Maestro del Jardín dirigió la doctrina de la declinación o viraje atómico directamente contra Demócrito, y fue el modo que encontró para sustraer todo el sistema atomista de la férrea Necesidad, ya que dicha noción impedía, por una parte, reflexionar sobre el libre movimiento de los átomos y, por otra, argumentar respecto de la autodeterminación y la libertad humanas.[34]

En tal sentido, es notable el modo en que el filósofo de Samos, al proponer una desviación atómica mínima, logra resolver el problema de la composición de las cosas. Veamos la exposición de Lucrecio en su poema didáctico —el único relato auténtico que se ha transmitido sobre este aspecto crucial del epicureísmo—, en el cual el célebre poeta romano incorpora ese particular movimiento de los átomos. Comienza por exponer cómo los átomos, semejantes a las gotas de lluvia, caen hacia abajo por el movimiento recto en el vacío infinito y por efecto de su propio peso. Seguidamente, se pregunta qué pasaría si ellos no contaran con esa desviación mínima, y responde que no resultaría posible la conformación de las cosas, ya que los átomos nunca se encontrarían entre sí; de modo tal que también la naturaleza se mostraría impotente para producir todas las cosas. Desde la perspectiva física, el *clinamen*, que afecta a la generación espontánea de las cosas, repercute, obligadamente, en la formación de los infinitos mundos.[35] Al respecto, Diógenes de Enoanda agrega que sin ese movimiento revelado por el Maestro no se podría concebir la responsabilidad moral.[36]

Aun cuando la desviación atómica se halla claramente referida en las fuentes antiguas en su doble dimensión, natural y ética, existe un debate contemporáneo sobre este tema que no puede

---

34 Cf. Diógenes de Enoanda, *fr.* 54, Morel.

35 Cf. Lucrecio, *DRN*, II, 216-293, especialmente 221-224 y Cicerón, *De Nat.Deor.*, I, 69-73; *De Fato*, 22-23; 1,19, 28; Aecio. I, 12.5, I, 23.3; Filodemo, *De Signis*, LIV.

36 Cf. Diógenes Enonda. *fr.* 54 Morel.

soslayarse.[37] Al respecto, hay que volver a preguntarse, en primer lugar, por las razones de la ausencia de este tópico en lo que constituye el epítome de la filosofía natural epicúrea, la *Epístola a Heródoto*. Pierre Marie Morel apunta con agudeza en esta dirección, e indaga si Epicuro tenía, efectivamente, desde un punto de vista argumentativo, auténtica necesidad de incluir esta desviación a fin de hallar la resolución de un tema en el que convergen de modo explícito la física y la ética. Según el helenista francés, se trataría más bien de una polémica abierta con los estoicos y a la cual respondió, finalmente, en verdad, Lucrecio. Sin embargo, si bien la teoría del *clinamen* explica con fuerza persuasiva la necesaria ruptura de la cadena causal mecánico-física,[38] nada se afirma en relación con la acción voluntaria; es decir, nunca se explicita si el *clinamen* se halla implícito en cada acción como condición necesaria del deseo o si surge *a posteriori* como condición necesaria de la voluntad. Por nuestra parte, interpretamos esta aparente imprecisión de Lucrecio bajo otra luz. Consideramos que con ella logra, sobre todo, establecer cierta autonomía para los hombres respecto de sus acciones, con lo cual salva la autodeterminación humana de la fuerte impronta determinista.

Al conformar los principios básicos de su filosofía, Epicuro eligió como punto inicial de reflexión a la naturaleza tal como es percibida por los hombres, es decir, bajo la forma de un cierto orden; ya que, a ojos de estos, los fenómenos presentan una llamativa regularidad, concordancia y armonía. No obstante, esta descripción inmediata no debería oscurecer aquello que, aun con alguna dificultad, los hombres también han llegado a saber, que los átomos ejecutan en el vacío un movimiento ciego.

Por consiguiente, el poder productor de la naturaleza no surge de otra cosa que no sea de los átomos en movimiento. Ellos, por su propia constitución, no deliberan ni deciden; y además, y fundamentalmente, no gobiernan por ninguna propiedad mental. Por lo tanto, sería del todo incorrecto pensar que realizan la acción productora a la que aludíamos obligados por orden de la necesidad.[39]

---

37 Cf. O'Keefe (2005).

38 Cf. Lucrecio, *DRN*, II, 251-293.

39 Cf. Lucrecio, *DRN*, II, 125-132.

Asimismo, más allá del carácter multívoco del término *phýsis*, no debe olvidarse que el filósofo del Jardín insistió siempre en subrayar la relación poiético-práctica que los hombres establecen con la naturaleza. En este marco, el proceso de conocimiento resulta explícitamente inverso a la descripción de los diferentes usos de la noción de *phýsis*. En efecto, para Epicuro resulta decisivo —como se expondrá en detalle— que los hombres aprendan la correcta aplicación del método inferencial. Según dicho método, lo primero que se conoce a partir de las sensaciones es el cuerpo singular; de ello, se sigue el conocimiento del cuerpo en general y, finalmente, de los principios constitutivos indivisibles e invisibles de átomos y vacío.[40]

En la medida en que, desde un punto de vista ético, el hombre tiene la tarea de direccionar sus acciones hacia el "*télos —fin—* natural" que es el placer (*hēdonḗ*), conviene recuperar el uso que Epicuro realiza del término naturaleza (*phýsis*) en la *Epístola a Meneceo* para referirse al placer (*hēdonḗ*) como bien primero (*prôton agathón*), congénito (*suggenikós*) y connatural (*sýmphyton*) a los hombres.[41] Si bien se comprende que el placer (*hēdonḗ*) sea declarado el principio (*arkhḗ*) y el fin (*télos*) de la vida buena,[42] ello no implica, de ningún modo, que la naturaleza determine normativamente las acciones que los hombres debieran llevar adelante con este propósito.[43] Tampoco funciona como legisladora secretamente normativa cuya acción se prolongaría en la justicia de las instituciones.

En consecuencia, es posible afirmar que Epicuro ha formulado, a través de diversos argumentos, un naturalismo complejo; este podría resumirse a partir de una serie de tesis y sus respectivas antítesis.[44] Para empezar, se sostiene que la naturaleza está, ella misma, desprovista de finalidad. No obstante, el hombre debe vivir conforme a un fin de la naturaleza que resulta ser el placer. Se postula, igualmente, que la naturaleza es neutral. En conexión con ello, la conformidad a la naturaleza no implica para el hombre la sumisión a un deber ser objetivo; en cambio, el hombre se

40 *Ep. Her*, §39-§40.

41 *Ep. Men*, §128.

42 *Ep. Men*, §129.

43 Cf. Lucrecio, *DRN*, I, 1021-1022.

44 Cf. Morel (2003b); Purinton (1993).

referencia a la naturaleza por un estado de hecho. Mediante el conocimiento de la naturaleza, el hombre sabe que ella proviene de un desorden; y así, el aparente orden que esta ostenta no es sino un pacto provisorio respecto de ese desorden primario. Luego, es por la conciencia de tal estado de las cosas que el hombre puede ordenar su propia alma y preservarla de la turbación. La naturaleza, por otra parte, establece límites y, en relación con ellos, el *télos* epicúreo es el término de un trabajo de inferencias.

En cuanto al tratamiento que da a los deseos, un particular valor de la filosofía epicúrea reside en que toma distancia de las filosofías sensualistas. A diferencia de estas, los medios para obtener el placer se evalúan con vistas a lograr la imperturbabilidad del alma (*ataraxía*) y el no dolor del cuerpo (*aponía*). De tal modo, el marco explicativo que postula Epicuro requiere de un estricto conocimiento de la *phýsis* a fin de revelar la inanidad de la muerte y los límites del deseo. Así pues, queda demostrado que el conocimiento metódico de la naturaleza garantiza la seguridad (*aspháleia*) para los hombres que se han liberado de las opiniones vacías. Más aún, vivir una vida de autarquía y autodeterminación es posible para ellos, justamente, porque han reconocido los límites que la naturaleza les impone.

Capítulo II

La estructura del alma

1. El alma, determinaciones físicas e implicaciones éticas

La *Máxima Capital XXX* presenta la complejidad del naturalismo epicúreo, que se evidencia en la oposición entre los deseos naturales y aquellos que —aun cuando sean naturales— resultan vacíos, porque no tienen un fundamento. La *Máxima* en cuestión afirma:

> En los deseos naturales (*en aîs tō̂n physikôn epithymiō̂n*) que no conducen al dolor aun cuando no sean satisfechos, existe una tensión intensa proveniente de una opinión sin fundamento (*parà kenḕn dóxan*), y la razón que hace que persista [la tensión] no está en su propia naturaleza (*ou parà tèn eautō̂n phýsin*) [la de los deseos], sino en la opinión sin fundamento del hombre (*pará tèn toû anthrṓpou kenodoxían*).

Entre los deseos naturales existen los que, si no son satisfechos, no dan lugar a un sufrimiento real, aunque hay algunos en los que subsiste una fuerte tensión; estos se originan en una opinión vana; y es difícil para nosotros disiparlos, no por su propia naturaleza, sino por las vanas creencias de los hombres.

Es por ello, justamente, que se necesita exponer los fundamentos de la verdad. Con este propósito, Epicuro despliega dos argumentos que contemplan los siguientes aspectos: el de la constitución del alma como sede de los procesos de conocimiento y el de los criterios de verdad, entre los cuales se cuentan la sensación (*aisthḗsis*), la *prólepsis* y las pasiones (*páthē*) de placer y dolor. El segundo criterio —del cual nos ocuparemos detenidamente— tiene una importancia decisiva para comprender el conflicto entre *phýsis* y *nómos*, que, *prima facie*, estaría presente en el concepto epicúreo de justicia.

Consideremos ahora los aspectos referidos a la composición del alma. En acuerdo con toda su *physiología,* Epicuro afirma que se trata de un cuerpo, es decir, un compuesto de átomos y vacío (*psykhḗ sȏma estí*).[1] Otro aspecto que resulta importante destacar es que su función consiste en ser la sede de la "conciencia"; en un sentido, por cierto, muy general, ya que en ella se asientan las sensopercepciones. De todas éstas, las que mayor incidencia tienen en la vida del hombre son las *páthȩ* de placer y dolor. En el alma también tienen su asiento la percepción de los objetos naturales y de los deseos, así como de los pensamientos, de las nociones, de las inferencias y de todo otro tipo de razonamiento.

Lo señalado hasta aquí parece confirmar que el alma no tiene un estatus privilegiado, en el sentido de que, dado que es un agregado de átomos y vacío, un cuerpo, también perece.[2] Además, mientras tiene duración, permanece en un intercambio constante con los átomos, que se encuentran en movimiento de compensación —a saber, hay átomos que se agregan y otros que se pierden—. Cabe indicar que el concepto "sensación" (*aisthḗsis*), en un sentido general, se define como "sensopercepción"; aunque, en algunos contextos, es admisible traducirlo como "conciencia".[3] En realidad, en el desarrollo de la física y la epistemología epicúreas, la sensación es un criterio de verdad y, específicamente, constituye una "función" del alma.

Otro aspecto a tener en cuenta es que el cuerpo se disuelve o se destruye en su totalidad, por lo cual, el alma también se dispersa. En consecuencia, al no poseer más sus funciones, no se mueve, y por lo tanto, carece de sensación. Mientras el alma se mantiene unida al cuerpo, organismo o agregado, éste no deja de sentir, percibir o ser consciente de sí. Si una parte de ella se destruye junto con el organismo, en la sección que subsiste del organismo ligado al alma, continúa el proceso de sensación o percepción. En caso de que se destruya el cuerpo u organismo en su totalidad, necesariamente, el alma se dispersa y toda sensación se suprime.[4]

---

1 Cf. *Ep. Her*, §63-§68; Lucrecio, *DRN*, III; Diógenes de Enoanda, *fr.* 3, 9, 37, 38, 39, 42, 43, 44, 49, y 73. Ed. Morel y Cf. Epicuro, *Acerca de la Naturaleza*, VI-IX. Cf. Sedley (1998:116-119).

2 Cf. Lucrecio, *DRN*, III, 417.

3 Cf. Konstan (2007b: 99-116).

4 Cf. *Ep. Her*, §63-§67. Lucrecio, *DRN*, III, 161-167.

A partir de esta evidencia, se puede afirmar —en orden a lo que corresponde saber respecto al alma— que no sólo su corporeidad resulta importante, sino el carácter doble de su función causal, puesto que, por una parte, da vida, y por otra, anima todas las funciones cognitivas. Realiza tales funciones siempre en unidad (*sympathía)* con el cuerpo, ya que se disemina en todo el agregado corporal.[5]

En cuanto a la composición del alma, Aecio testimonia que los epicúreos sostenían que se componía de cuatro elementos: el fuego, que produce calor; el aire, que ocasiona reposo; un tercero, llamado aliento (*pneúma*), que origina el movimiento; y un cuarto elemento "sin nombre" que inicia el proceso de la sensación.[6] Este último es el encargado de difundir los movimientos sensitivos por todo el cuerpo, el cual se unifica con el alma por efecto de la *sympathía*.[7]

En tal sentido, acordamos con Kerferd, quien ha demostrado que a Epicuro, antes que establecer la composición del alma, le interesaba indagar en su funcionamiento y en las determinaciones cognitivas de la mente.[8] Sin embargo, esta concepción de alma presenta dos problemas que Pierre Marie Morel ha logrado sistematizar de modo preciso, el de la autonomía psíquica y el de la "identidad" del alma.[9]

Como se recordará, la sabiduría epicúrea trata de vivir en acuerdo con la naturaleza, si bien esa concordancia no implica un determinismo psicofísico. Entonces, tiene que haber algún mecanismo que permita al hombre mostrarse como integrante de la naturaleza pero que, a la vez, le haga posible distanciarse de ella. En este sentido, Morel señala que el peligro del pensamiento epicúreo es el de quedar atrapado en un círculo naturalista; es decir, el hombre posee la decisión de conformarse a la naturaleza, pero esta es invalidada como decisión porque se constituye desde siempre en un evento natural.

---

5 Cf. Lucrecio, *DRN*, III, 161-167.

6 Cf. Aecio IV, 3, 11 = Us.315; Lucrecio, *DRN*, III, 241-242.

7 Cf. Kerferd (1971:80-96).

8 Cf. Kerferd (1971:80-81).

9 Cf. Morel (2009:103-115).

Ahora bien, Epicuro divide el alma en dos partes: una que se extiende por la totalidad de los cuerpos y logra mezclarse con todos los átomos de la persona física a la que afecta; y una segunda que se concentra en el pecho. Cada una ejecuta funciones diversas. La primera es llamada, no sin ambigüedad, *psykhḗ* y es la sede de la *aisthḗsis*; igualmente, es donde acontecen las *páthē*, los placeres y dolores. La parte del alma que se localiza en el pecho es aquella en donde se desarrollan y concentran todos los procesos racionales más sofisticados.[10]

Esta división del alma es estrictamente funcional. En la *psykhḗ* se perciben las cosas, se sienten los múltiples placeres y dolores —todos estos movimientos están ligados a la conciencia—; en cambio, el pensamiento no sólo se encuentra localizado, sino que continúa su acción sin necesidad de ninguna otra parte corporal más allá de esa en la cual tiene asiento. Epicuro ha establecido así dos partes del alma —una parte "irracional" (*álogos*) y otra racional (*tò de logikòn*)—[11] y las ha diferenciado en su ubicación y en su funcionalidad. La diferencia fundamental que media entre una y otra es que la parte irracional recibe las sensopercepciones —y placeres y dolores—, a todo lo cual hay que acordarle una creencia absoluta, dado el rechazo epicúreo al escepticismo.[12]

Asimismo, la epistemología materialista epicúrea no sólo otorga creencia a las sensopercepciones, sino que reconoce las emanaciones (*eídōla*) producidas por las cosas. Baste como ejemplo el hecho de que los ojos de los seres humanos, ante cualquier cosa natural, conservan la estructura atómica y las cualidades de ellas. Pero Epicuro extrema esta teoría de la *eídōlas* en el orden del pensamiento, porque afirma que, al pensar en alguna cosa o en su representación, no se invoca una idea sino la memoria de esa emanación.

Ahora bien, si a la parte irracional se le otorga una creencia absoluta, entonces, la fuente del error, sin duda, le concierne a la parte racional. Efectivamente, el error consiste en una mala aplicación del método de inferencia y nunca de la información que ofrecen las sensaciones (*aisthḗsis*) o las pasiones (*páthē*), que nos

---

10 Cf. *DL*, X, 66; Lucrecio, *DRN*, III 136-151.

11 Cf. Lucrecio, *DRN*, III, 136-144.

12 Cf. Lucrecio, *DRN*, IV, 499; escolio *Ep. Her*, §66.

notifican acerca del valor de las cosas —si son convenientes por ser agradables o si habrá que rechazarlas por ser dolorosas—.[13]

El fin de toda acción de los seres humanos, según lo expone Epicuro, es buscar el placer y huir del dolor. Es decir que la acción encuentra en la propia autoafección de los hombres las condiciones para ser ejecutada.[14] Sin embargo, la parte racional del alma es la encargada de evaluar si lo que se presenta, en una primera instancia, como agradable o doloroso, al final reportará beneficios o problemas. Pero el riesgo al que esta parte del alma está siempre sometida es el de caer en falsas creencias, cuyo único aporte es la turbación del alma y el dolor en el cuerpo.[15]

De ahí que, en primer lugar, haya que desconfiar del lenguaje, que es una gran fuente de turbación. Debido a ello, Epicuro propone que las palabras sean entendidas en su sentido básico, puesto que la inferencia ilegítima es la que produce los extravíos de la razón.[16] El argumento epicúreo con el cual se responde al problema de la autonomía psíquica consiste en mostrar que la parte racional del alma depende de la irracional; posee, por lo tanto, una autonomía restringida. La función cognitiva se desarrolla mediante una secuencia que se inicia en la parte irracional —la sensación—, y que luego se dirige a la parte racional —momento en el que esta última se vuelve consciente de sí misma y de todo el cuerpo—.[17]

Epicuro concluye, pues, que cuando el hombre ha comprendido que los dioses no se han de temer, y ha indagado sobre las causas del origen natural de los fenómenos, y se ha liberado de los deseos inmoderados, llega a vivir en un estado de placer del cual es consciente. Esta conciencia es un proceso permanente, ya que el estado de placer continúa, se proyecta y perdura en el tiempo a través del recuerdo de los placeres vividos. Pero, además y fundamentalmente, el hombre tiene que reflexionar acerca de ese fin que es la muerte sin guardarle ningún temor.[18] En este

---

13 Cf. *DL*, X, 34.

14 Cf. *DL*, X, 137.

15 Cf. De Lacy (2003:173).

16 Cf. *Ep. Her*, §75; Plutarco, *Contra Colotes* 1119 F = Us.259.

17 Cf. Lucrecio, *DRN*, III, 333-334 y *DRN*, III, 350-369.

18 Cf. *MC* X; *MC* XI; *MC* XII; *MC* XIII.

sentido, para Epicuro, de lo que se trata es de provocar un "recto conocimiento" de que la muerte *no es nada para nosotros*.[19]

Este tópico de la muerte muestra con claridad la manera en que todo lo que se investiga en el plano de la física influye en el plano de la vida práctica de los hombres.[20] Cuando la ignorancia y los falsos supuestos obnubilan la conciencia del hombre respecto de la muerte, este sólo puede pensar que se trata de un gran mal. Pero, al conocer lo que las cosas son verdaderamente, logra eliminar estas falsas creencias y suposiciones. Cabe señalar que el argumento de Epicuro es sencillo, porque la muerte se define por la carencia de sensación. Desde el conocimiento que aporta la *physiología*, el hombre debe comprender que las cosas no son más que átomos que se agregan y que, al dispersarse estos por acción de la muerte, lo único que sucede es que, simplemente, se deja de tener sensación.[21] Es decir, la conciencia cesa, y por lo tanto, lo que no tiene sensación o conciencia no puede experimentar ningún tipo de daño o dolor, ni físico ni psicológico.

Epicuro advierte, pues, que la ética corre el riesgo de transformarse en palabras vacías, y para que esto no suceda, se necesita de las explicaciones que ofrecen la física y la canónica. Solo mediante su acción conjunta se puede llegar a una perspectiva adecuada sobre lo que acontece en la naturaleza y arrojar luz sobre un tema que es fuente de angustia para los hombres. Como aclaración ulterior de este punto de vista, Epicuro, en la *Epístola a Meneceo*, insiste —de modo imperativo— en que hay que habituarse (*synéthize*) a que la muerte *no es nada para nosotros*. Así, se teme a la muerte porque ella destruye por completo todas las ansias humanas de inmortalidad, y eso es lo que produce el dolor en el alma. La lógica del temor instalada por el miedo a la muerte acarrea una serie de consecuencias nefastas: la incapacidad de disfrutar de los placeres; un comportamiento frenético y ansioso; y, por último, las diversas formas nocivas de inmortalidad mundana, cifradas en el dinero, el poder y los honores.[22]

---

19 Cf. *Ep. Men*, §124-§125; *MC* II; Lucrecio, *DRN*, III, 380.

20 Cf. Séneca, *Epístola a Lucilo* 89, 11-12.

21 Cf. Furley (1993:84-85).

22 Cf. Lucrecio, *DRN*, III, 59-86 y *DRN*, III, 938.

El segundo problema que Epicuro enfrenta es cómo deducir de la física epicúrea la íntima relación que se establece entre el alma abierta y los movimientos exteriores de los otros cuerpos que se componen y agregan con la finalidad de generar toda la actividad cognitiva. El problema a investigar es el tipo de unidad que se establecería en el alma, capaz de permitirle, al mismo tiempo, mantener un dinamismo y volatilidad atómica y, sin embargo, producir un autoconocimiento.[23] Ciertamente, la "identidad" del alma no se produce bajo la forma de una sustancia —de una unidad inmutable que no se altera—; de lo que se trata es de conciliar la variabilidad de las sensaciones y afecciones que constituyen la experiencia propia con las sucesivas re-actualizaciones de esa experiencia. En primer lugar, es importante, tal como ya hemos referido, el recuerdo que restaura lo vivido en otro tiempo y produce la alegría en el alma como un bien del que se goza en el presente.[24] En segunda instancia, la identidad epicúrea del ser humano se forja como un momento de la conciencia que ha logrado la imperturbabilidad (*ataraxía*), es decir, que ha alcanzado la autodeterminación. Este hombre, al entrar en relación con otros en una comunidad de amigos, ha procurado profundizar el conocimiento de la naturaleza y se ha ejercitado en la capacidad de razonar o calcular (*logismós*) para discernir sobre los placeres con racionalidad.[25]

Finalmente, Konstan (2007b) señala que la "identidad consciente" propuesta por la filosofía epicúrea debe analizarse teniendo en cuenta la relación que se da en el alma entre la parte no racional y la racional. Epicuro, al referirse a la parte irracional del alma, siempre utiliza los términos placer (*h̲edoné̲*) y dolor (*alge̲dó̲n*), que —desde un punto de vista físico— son las pasiones (*páthe̲*), las cuales se diseminan por todo el cuerpo. Pero, en lo concerniente a la parte racional, también hay estados positivos que identifica con los términos de gozo (*apólausis*) y alegría (*khará*).[26] Éstos se diferencian del placer (*he̲doné̲*) porque, en sentido estricto, el placer es sólo

23 Cf. Németh (2017:1-69) para una interpretación general del surgimiento del "yo" en la filosofía de Epicuro, tal como se halla argumentado en el libro XXV del *Perí Phýseos*.

24 Cf. *DL*, X, 22, *Ep. a Idomeneo*.

25 Cf. *Ep.Men*, §129.

26 Cf. *SV* 81; *DL*, II, 89, 10.

físico, en tanto que el gozo y la alegría son estados que dependen de una creencia, ya sea verdadera o falsa. Sin embargo, Epicuro no trata la alegría (*khará*) y el gozo (*apólausis*) como un fin de la vida, más bien tiende a describir con ellos los efectos que produce la liberación de los dolores corporales y de las angustias del alma.[27]

Tal como se ha expuesto, Epicuro guía su descripción del alma por elaboraciones científicas. Este conocimiento del alma —inseparable del conocimiento de la naturaleza— tiene una finalidad precisa, la de beneficiar a los hombres, pues les aporta la tranquilidad del alma (*ataraxía*) y hace que puedan encontrar los medios más adecuados para huir de los dolores del cuerpo (*aponía*). El desarrollo acerca de la naturaleza del alma que propone en la *Epístola a Heródoto* está motivado por esta exigencia.[28]

Pasemos a considerar, entonces, el primer criterio de la verdad: la sensación.

2. Placer y creencia: la sensación

Epicuro exhortaba a que el sabio procediese de modo dogmático y no escépticamente (*dogmatieîn te kaì ouk aporḗsein*) porque confiaba en el valor del saber.[29] Desde su perspectiva, este se construía por procedimientos adecuados que permitían llegar a un grado de certeza. Por ello es que utilizaba el método de inferencia en respuesta a la exigencia filosófica de obtener nuevas verdades.[30]

La epistemología epicúrea se consolidaba en el valor de la sensación (*aisthḗsis*) como primer criterio de verdad, y a partir de ésta se iniciaba la formación de los conceptos. Con respecto a la importancia del proceso cognitivo, Diógenes Laercio testimonia la existencia de una obra del filósofo cuyo título era *Sobre el criterio* o *Canon;* se supone que se trataba de un bosquejo del método del saber.[31]

Dada la importancia otorgada al canon en la filosofía epicúrea, Striker propone investigar la genealogía del término griego

---

27 Cf. *DL*, X, 66 = Us.311; *Ep. Men,* §128.

28 Cf. *Ep. Her*, §78; *MC* XI; *MC* XII.

29 Cf. *DL*, X, 121; Plutarco *Contra Colotes* 1117 F; Cf. Morel (2009:118).

30 Cf. *Ep. Her*, §38.

31 Cf. *DL*, X, 31.

kritḗrion. A juicio de la autora, no deja de ser sugerente que su origen haya sido jurídico y que haya servido para designar un tribunal, o bien su instrumento de arbitraje. Inicialmente, indicaba el medio de evaluar aquello que se presentaba como verdadero, justo y deseable.[32]

Por cierto, la forma de concebir el proceso de conocimiento se diferencia radicalmente en Epicuro y en Platón. Para el Maestro del Jardín, no se trata de una ruptura con la opinión (*dóxa*), sino de un reordenamiento del campo de opiniones. No debe sorprendernos, entonces, que el término *canon* (*kanṓn*), en la lengua, griega admita las siguientes acepciones: la de instrumento de investigación,[33] la de regla que se debe seguir para realizar una tarea, o la de instrumento de medida en un sentido metafórico.[34] De allí que, para Sexto Empírico, la canónica epicúrea debiera ser considerada un campo más vasto que el de la lógica, la cual, a su juicio, desarrollaba específicamente la argumentación y la demostración.[35]

Más aún, Epicuro suponía que la canónica operaba transversalmente en tanto método de conocimiento; pues no la consideraba una parte independiente de la filosofía, como sí lo eran la física o la ética. Por el contrario, en la *Epístola a Pítocles*, declara que toda investigación debe proporcionar la certeza de alcanzar el placer y evitar el dolor.[36]

Ante todo, los criterios de verdad que integran el canon epicúreo cumplen tres requisitos: en primer lugar, son verdaderos e irrefutables; asimismo, sirven para determinar la verdad y la falsedad de lo que se nos aparece espontáneamente como verdadero y falso; y por último, no son instrumentos de censura de las opiniones, sino que son guías de elaboración de las verdades filosóficas.

Es importante subrayar que a Epicuro no le interesa describir los razonamientos correctos, por lo cual no desarrolla una lógica,

---

32 Cf. Striker (1996:23-25).

33 Ocurrencias de *kanṓn* en la obra de Epicuro: *Ep. Her*, §38, §51, §52 y §82; *Ep. Pít*, §116, *MC* XXIV y *Ep. Men*, §129 y cf. Cic., *De nat. deor.*, I, XVI, 43; Sexto Empírico, *Contra los filósofos*, VII, 14. Cf. Striker (1996:29-30).

34 Cf. Demócrito, *fr. B VI*.

35 Cf. Sexto Empírico, *Contra los filósofos*, VII, 24-25.

36 Cf. *Ep. Pít*, §116; *Ep. Men*, §124.

sino que trata de fundamentar una epistemología normativa y heurística. Por un lado, esta debe garantizar los conocimientos que se elaboran a partir de las sensaciones;[37] y por otro, tiene un fin específico, el de asegurar las elecciones éticas. Justamente, la canónica posee la importante función de verificar que la acción haya sido determinada por un razonamiento sobrio (*nēphōn logismós*).[38]

Resulta de interés, entonces, seguir la descripción que Epicuro hace del proceso de conocimiento. Si bien dicho proceso se inicia por los sentidos, o por el placer y el dolor, se requiere de un momento reflexivo, propio del método de inferencia, que supere las operaciones espontáneas del alma. Un ejemplo elocuente lo ofrece la *Epístola a Heródoto*, en la que se explica el modo por el cual la canónica se relaciona con la física. El filósofo de Samos comienza con un breve tratado de las reglas de investigación.[39] Luego su explicación se dirige a mostrar la manera en que los sentidos constituyen un medio para determinar la verdad.[40] También se explaya sobre el surgimiento de los conceptos[41] y, por último, determina la formación del lenguaje.[42]

Ahora bien, conviene presentar el proceso físico detallado por Epicuro, cuyo resultado es la sensación (*aisthēsis*). Si se piensa que, en esta filosofía, no existe una ruptura entre lo real y su comunicación mediante los sentidos,[43] entonces, puede comprenderse que el dato primario del conocimiento se produzca por un impacto en los órganos sensoriales. Así, la sensación se conforma al entrar en contacto directo los órganos sensoriales con los efluvios (*apórroiai*), las huellas (*týpoi*) y los simulacros (*eídōla*)[44] que emanan de los objetos. Su validez está dada por los simulacros que trabajan como

---

37 Cf. Lucrecio, *DRN*, IV, 513-516; cf. Gigandet (2007:73-98) y Giovacchini (2012:22-23).

38 Cf. Epicuro, *Ep. Men*, §132. *DL*, X, 30, Cic., *De Fin*, I, 32; Séneca, *Ep. a Lucilo* 89,11.

39 Cf. *Ep. Her*, §37-§38.

40 Cf. *Ep. Her*, §48-§53.

41 Cf. *Ep. Her*, §72.

42 Cf. *Ep. Her*, §75-§76.

43 Cf. *Ep. Her*, §49-§50 y cf. Asmis (1984:24) respecto a la proliferación del lenguaje técnico y las dificultades para caracterizar la sensación y su magistral demostración de que la canónica epicúrea se constituye en una auténtica metodología, por lo cual la epistemología epicúrea establece reglas permanentes. Cf. Taylor (1980:105-124).

44 Cf. *Ep. Her*, §46; Lucrecio, *DRN*, IV, 34-52.

un mecanismo físico, por el cual, de la superficie de un objeto, se forma una película atómica (*eídolon/simulacrum*). Esta se constituye por átomos que se agregan y viajan a velocidades elevadísimas desde el objeto percibido hasta el órgano que es afectado. De modo tal que transmiten una información confiable sobre las cualidades secundarias de los cuerpos, como los colores, los olores y la rugosidad.[45] El testimonio primario que ofrece la sensación surge, pues, del impacto, aunque toda otra información deberá ser elaborada a partir de allí mediante el razonamiento (*logismós*).[46]

Por otra parte, la sensación se presenta desnuda de racionalidad y completamente desprovista de memoria; en palabras de Epicuro, todas las sensaciones son verdaderas y no existe nada que pueda refutarlas.[47] Resulta válido definirlas, entonces, como antipredicativas; y esta propiedad no sólo las distingue de la opinión (*dóxa*) y del razonamiento (*lógos*), sino que, fundamentalmente, evita que éstos caigan en el error. De lo que se desprende que el error siempre se da en el orden de un juicio de opinión o razonamiento. Por esto mismo, es que la sensación permanece en una pasividad garantizada por propia evidencia (*enargés*).[48] Más aún, el permanecer ajena al discurso libra a la sensación tanto del error como de toda refutación —una sensación únicamente puede ser refutada por otra—.[49] Toda sensación es autónoma, y no se les pueden adjudicar grados de evidencia (*enargés*), pues cada una de ellas se impone con igualdad de fuerza.

En otras palabras, en tanto la sensación es no racional (*álogos*) y está privada de memoria, no puede desarrollar la acción propia del razonamiento (*logismós*); y es precisamente por ello que la sensación (*aisthésis*) se caracteriza como el registro de un impacto en el órgano sensorial (*diánoia/mens*). En definitiva, como ya se dijo, "todas las sensaciones son siempre verdaderas".[50] Su aporte al conocimiento como primer criterio de verdad no reside en que se trate de una actividad cognoscitiva, pues nada nos informa del objeto; sólo registra el modo en que este impacta desde el exterior.

45 Cf. Epicuro, *Acerca de la Naturaleza*, XI, *fr.* 9,5; Lucrecio, *DRN*, IV, 353-363.

46 Cf. *MC* XXIII y *MC* XXIV.

47 Cf. *DL*, X, 31; Sexto Empírico, *Contra los Profesores*, VII, 206-210 = Us.247.

48 Cf. *DL*, X, 32. Cf. Sexto Empírico, *Contra los matemáticos*, VII, 211.

49 Cf. *DL*, X, 32.

50 Cf. Asmis (1999:266) sobre el carácter contraintuitivo de esta afirmación.

La afirmación epicúrea de que "todas las sensaciones son verdaderas" se comprende así en un sentido pleno, ya que ellas hacen conocer al hombre la existencia de una cosa y sus propiedades. Esto significa que no hay ninguna diferencia entre el ser de una cosa y su aparecer.[51] Ante tal afirmación, se presenta la dificultad de que también la ilusión puede originarse en las sensaciones —sean ópticas, del tacto o del gusto—. No obstante, como respuesta a esta dificultad, Epicuro formula un precepto positivo, el cual afirma que el conocimiento de un objeto debe acumular una variedad de perspectivas de las sensaciones de tal orden que permita ampliar el campo de evidencia.

Para Epicuro el proceso de conocimiento es posible porque existe un intercambio entre las cosas y el hombre; pero se necesita aún de otro aspecto. Las sensaciones son testimonios (*martyría*) que para ofrecerse como tales requieren del discurso o las palabras que establecen un juicio.[52] Ahora bien, este juicio (*kritḗrion*) no se dirige a la sensación de forma directa, sino a las nociones (*ennoías*) que se derivan de proyectar las imágenes (*phantastikḗn epibolḗn*) hacia la mente del hombre. La sensación es un criterio de verdad, por lo tanto, no es refutable; sin embargo, al requerir del discurso, se presenta una nueva dificultad, la aparición de la opinión, que sí puede refutarse. Y esto es así porque las opiniones son juicios que pueden ser eliminados para que se establezcan nuevas opiniones, nuevos juicios de los que resultará un conocimiento más exacto de la naturaleza (*phýsis*).[53]

Finalmente, Epicuro contraponía lo que daba en llamar *epibolaí tē̂s dianoías* —aprehensión inmediata del pensamiento— a lo que refería como *epibolaí tō̂n loipō̂n kritēriōn* —otros criterios—.[54] Dada la polémica existente en torno a este tópico, no discutiremos aquí si esta "focalización" constituye un criterio de verdad agregado por los epicúreos o enunciado por el mismo Epicuro —aunque no desarrollado como tal—; sólo nos interesa subrayarlo como

51 Cf. Long (1971:117).

52 Cf. *MC* XXIV.

53 Cf. Asmis (1984:118-126).

54 Cf. *Ep. Her*, §38 y §51; cf. Long y Sedley (2001:161-163).

una evidencia más de la preocupación epicúrea por pensar con la mayor exactitud a partir de las sensaciones.[55]

No obstante, lo que queda claro es que este criterio de verdad primero no puede mostrar la totalidad de la verdad, por ello los hombres disponen de la *prólepsis* para elaborar ideas más complejas. Se trata de una noción general cuyos estatus, función y validez se impone mostrar, porque la naturaleza no se revela tan sencillamente a los ojos del ser humano. Además, como explicaremos, la *prólepsis* será una función determinante del conocimiento de la justicia.

3. Placer y creencia: la *prólepsis*

El neologismo *prólepsis* había sido introducido tardíamente como concepto técnico por Epicuro en su lenguaje filosófico.[56] Cicerón lo registró en *De natura Deorum* I, XVII, 45; allí lo tradujo con los términos latinos de *antecipatio* y *praenotio*; lo definía como esa anticipación de las cosas en la mente que se produce a partir de una información.[57] A su vez, Cicerón dejó un testimonio de esta interpretación al traducir el neologismo como "*innatas cogniotiones*",[58] pero, simultáneamente, dio inicio a un equívoco que se extendería a gran parte de la tradición interpretativa de Epicuro —y cuyos efectos se han prolongado hasta la actualidad—.

No se comprenden las razones por las cuales Cicerón decidió adoptar esta línea de traducción; y menos aún, si se piensa que tuvo un conocimiento adecuado del proceso de formación de las ideas en Epicuro y del desarrollo de su epistemología sensualista y heurística. Con todo, sumó aún un nuevo equívoco al calificar la *prólepsis* como *informationem* respecto de los dioses;[59] Cicerón introduce este error porque concibe la idea de dios por naturaleza, es decir que sobreentiende que ella es connatural a los hombres. Desde su punto de vista no puede ser sino una idea innata, en la medida en que todos los seres humanos han nacido con esta

---

55 Cf. *Ep. Her*, §52 y §71; *DL*, X, 33; Diano (1974:163-64).

56 Cf. Sedley (1973:14-15). Asmis rechaza esta tesis (1984:22).

57 Cf. Cic., *De nat. deor.*, I, XVII, 43-45.

58 Cf. Cic., *De nat. deor.*, I, XVII, 45.

59 Cf. Cic., *De nat. deor.*, I, XVII, 45.

capacidad de conocimiento de la idea de dios al margen de su capacidad de percepción.

La argumentación ciceroniana presenta tres momentos, y se inicia con la afirmación de que es la misma naturaleza la que nos dio la idea de los dioses; fue ella la que inscribió en la mente humana la consideración de estos seres felices y atemporales.[60] En segundo término, Cicerón dice que Epicuro habría asegurado que los dioses existen y que la naturaleza imprimió en todas las mentes alguna noción de ellos.[61] Al respecto, agrega que el advenimiento de esta idea innata no se da por los usos y costumbres ni por alguna autoridad ni por la ley; excluidas dichas posibilidades, se trata de un consenso admitido por todos (*unum omnium firma consensio*).[62] Finalmente, en tercer lugar, el testimonio de Cicerón señala que, al concebir Epicuro a los dioses como dotados de una naturaleza diferente a la de los hombres, no le era posible a éstos últimos percibir a aquellos por los sentidos, sino estrictamente por la mente; y la *prólepsis* sería, en consecuencia, la única vía de acceso disponible para su conocimiento.[63]

Esta interpretación innatista de la *prólepsis* que busca acentuar la universalidad de la noción —y hasta fundar su necesidad, en el caso particular de los dioses— ha sido moderada en la interpretación y el análisis contemporáneos de Rodis-Lewis.[64] A juicio de esta autora, el término "innato" en un sentido técnico filosófico se introdujo con Malebranche y Leibniz cuando, en el siglo XVII, hablaban de nociones "puestas en nosotros por la naturaleza", y de este modo, las oponían a las que provenían de la experiencia externa.[65] En consonancia, se podría afirmar que Cicerón se refiere, más que a un innatismo de la *prólepsis*, a una interpretación estoica de ella. Al respecto, Aecio señala que los estoicos concebían la producción en la mente de nociones o conceptos (*ennoíai*) por medio de la sensación, la memoria y la experiencia. Pero hay también una producción que se deriva de lo aprendido y lo investigado que, dentro de este sistema, funciona al modo de nociones o anticipa-

60 Cf. Cic., *De nat. deor.*, I, XVII, 45 y I, X, 25.

61 Cf. Cic., *De nat. deor.*, I, XVII, 44.

62 Cf. Cic., *De nat. deor.*, I, XVII, 45.

63 Cf. Cic., *De nat. deor.*, I, XVII, 45.

64 Cf. Rodis-Lewis (1975:103).

65 Cf. Leibniz, *Nuevos Ensayos sobre el entendimiento humano*.

ciones (*prólēpseis*).[66] Se ve claramente cómo, desde la concepción estoica —a la que seguramente Cicerón adhería—, la *prólepsis* se produce de modo natural o espontáneo.

La interpretación platonizante de Cicerón encontró su versión contemporánea en los trabajos de De Witt, quien concibe la *prólepsis* epicúrea como un *implante* en la mente de conceptos generales que luego emergen a partir de las sensaciones. Según De Witt, el procedimiento por el cual surge la *prólepsis* no es sino un agregado de la anamnesis platónica a la sensación epicúrea. Desde el punto de vista de De Witt, "una idea precede cualquier cosa, eso puede, difícilmente, ser otra cosa que la experiencia. Por consecuencia, dicha idea debe ser innata".[67]

Ciertamente, se puede afirmar que, en la filosofía epicúrea, la *prólepsis* no nace con el sujeto, sino a partir de la experiencia. Por ello, genera las anticipaciones a partir del impacto de las sensaciones (*apò tôn aisthḗseōn gegónasi*) y de la serie de cosas que se acumulan en la mente.[68] Así, la *prólepsis* opera como una opinión y se activa en el momento en que recibe nuevas sensaciones. Se puede apreciar la diferencia con el proceso descrito por Aristóteles en el libro I de la *Metafísica*. Allí se presenta la constitución de la experiencia (*empeiría*) surgida a partir de la memoria (*mnemḗ*). En cambio, para el epicureísmo, la sensación se encuentra impedida del recuerdo por su condición de *álogos*, y sólo la *prólepsis* es capaz de recuperarla. De lo expuesto hasta el momento, se deduce que la *prólepsis* es un concepto clave de la metodología epicúrea porque no se trata de una mera evidencia específica, como la sensación o las pasiones (*páthē*), sino de un acto por el cual la sensación se relaciona con el pensar.[69]

Diógenes Laercio registra cuatro términos como equivalentes al de *prólepsis*. Para empezar, menciona la *katalḗpsis* —comprensión—, que es entendida como una acción, en el sentido de aprehender, acceder, perseguir algo derivado de una posesión. Pero, dado este sentido activo, se trataría, en cierta forma, de una interferencia del proceso de conocimiento, puesto que demanda

---

66 Cf. Aecio, *Placita Philosophorum*, IV, 11-12.

67 Cf. De Witt (1954:145).

68 Cf. *DL*, X, 32.

69 Cf. Morel (2009:140).

la aprehensión simultánea del proceso mismo del conocer. Luego, el doxógrafo señala que se califica también a la *prólepsis* como opinión recta (*orthḗ dóxa),* lo cual implica la recta correspondencia entre el objeto percibido y el juicio que se formula; esta opinión recta recuerda el tratamiento que la cuestión recibe en el *Menón*.[70] El tercer término registrado como equivalente es el de *énnoia*, es decir, aquel que designa una noción o concepto. Finalmente, la *prólepsis* también es definida como *ḛ katolikén nóḛsin enapokeiménḛn*, una noción universal; esto es, un recuerdo de algo derivado de las percepciones.[71]

Al considerar esta enumeración, se observa que, de los cuatro términos equivalentes testimoniados por Diógenes Laercio, el cuarto podría quedar comprendido en el tercero. Tanto en uno como en el otro caso, se hace referencia a una noción común que se extrae por inducción a partir de una pluralidad de experiencias análogas. Es por esto que, al proceder mediante la analogía, se llega a establecer un predicativo universal de conocimiento, pues se establece un significado acerca de algo. Así, en relación con la formación de las palabras, se toma como base un recuerdo e, inmediatamente, la mente va hacia una forma (*týpos*); en este proceso, la *prólepsis* funciona estrictamente como anticipación, y es a partir de ella que puede iniciarse un camino de investigación.[72]

Ahora bien, si la sensación era evidente por un principio de actualidad, la *prólepsis* tal vez lo sea por simple transferencia de este principio. Pero ¿cómo tendría lugar dicha transferencia?; es decir, ¿qué es lo que constituye a la *prólepsis* en un principio canónico evidente? La respuesta más plausible pareciera consistir en afirmar que el principio de actualidad para la *prólepsis*, tal como Diógenes Laercio lo atestigua, está resguardado en la palabra entendida como noción general. Así, por ejemplo, la palabra "hombre", para ser enunciada, ha requerido de una sensación que la preceda. Esto es así porque, para Epicuro —según Diógenes Laercio—, la relación de significación sólo puede darse si el esquema de la cosa conocida es anterior a toda proposición

---

70 Cf. Platón, *Menón*, 97b 5 ss. y *Banquete*, 202 a 8-9.

71 Por la prioridad del testimonio de Diógenes Laercio se manifiesta Bailey (1928:557) en contra de De Witt (1954:144-145). En la búsqueda de una posición intermedia cf. Manuwald (1972:16-39).

72 Cf. *Ep. Her*, § 38 la expresión *protón en nóema* que sin dudas se refiere a la *prólepsis*.

y si su sentido ha sido fijado por la *prólepsis*.[73] La *prólepsis* es un principio canónico, entonces, porque su verdad no reside en un contacto directo con la cosa; se manifiesta como una asociación activa, espontánea y anticipada de la cosa que, posteriormente, se mostrará como siendo tal cosa y no tal otra.[74] Por consiguiente, sería posible afirmar que, para Epicuro, verdad y realidad gozan de una unión (*sympatheía*) que es certificada por la *prólepsis*; es su aparición espontánea e inmediata la que le otorga su fuerza y su valor epistémico.[75]

Se comprende así que la *prólepsis* sea concebida como una "idea general" (*katholikȩ nóesis*) que está vinculada a la sensación; puesto que es evidente, podrá, *a posteriori*, decir algo significativo respecto de algo.[76] En otras palabras, la *prólepsis* se da en la interioridad de cada ser humano, y cada uno la experimenta como un depósito (*enapólȩpsis*) que está allí, a disposición en la propia mente.[77]

En cuanto a su génesis, a veces, la *prólepsis* deriva de las sensaciones o de un conjunto de ellas. Sin embargo, la idea de los dioses presenta la particularidad de que no existe una sensación anterior. No por ello ha de ser la interpretación innatista, adoptada —como ya vimos— por Cicerón, la única solución a este problema; para Epicuro, se sabe, hay otros modos de generación de la *prólepsis*, como el que ofrecen la espontaneidad del acto de asociar una idea con otra o el de anticipar la palabra al objeto. Aún más, la verdad de la *prólepsis* no reside en el contacto con el objeto realmente presente, como tampoco en el nombre con el cual se relaciona, sino más bien en la asociación espontánea entre ellos —el nombre y el objeto—. Justamente, por esta acción es que la *prólepsis* resulta evidente y allí reside la fuerza de su verdad. No obstante, habrá que indagar en ella; es que, dado que su estatuto de verdad no requiere que se presente como una imagen mental, podría confundirse con imágenes ilusorias y falsas suposiciones (*hypólepseis*).[78]

73 Cf. *DL*, X, 33-34; Cf. Morel (2009:142).

74 Cf. *DL*, X, 33-34.

75 Para una posición diferente Cf. Conche (1987:25).

76 Cf. *DL*, X, 33-34.

77 Cf. *DL*, X, 33-34 Es oportuno aclarar que no se trata de depósito en el sentido de lo residual que va quedando sino de lo que permanece en un depósito. Cf. *Ep. Her*, §77 y Diógenes de Enoanda, *fr.* 9, col 3 Morel.

78 Cf. *Ep.Men*, §124.

En el análisis de Striker, la *prólepsis* epicúrea se explica no tanto desde un punto de vista psicológico cuanto desde una funcionalidad lógica; es decir, se define más bien como el método para evaluar las opiniones que los hombres ya poseen. En la epistemología epicúrea, por tanto —nuevamente, según la perspectiva de Striker—, no hay lugar para la constitución de primeros principios que, a la manera aristotélica, funden una teoría de la ciencia. Sin embargo, es cierto también que las fuentes no ayudan a sostener esta posición. Por ejemplo, Lucrecio, a quien se considera una fuente del epicureísmo en el período romano, tradujo *prólepsis* por *notitia*[79] y *notities*;[80] se trata de una traducción que parece acompañar una postura psicologista. Según esa visión, el inicio del conocimiento requiere de indicaciones que, a manera de huellas, vestigios e indicios, encaminen a los hombres hacia él.[81] Sin estos indicios, entonces, la metodología epicúrea no podría avanzar a través de los diversos modos de inferencia, con lo cual se abre un camino hermenéutico que conduce al innatismo.

Pero la posición de Epicuro, que se aleja de un origen innato de las ideas, sostiene, justamente, que, para que se efectúe el pasaje de la sensación hacia concepciones más complejas, deben ponerse en actividad los diversos procesos del método de inferencia; esto es, la confrontación, la analogía, la semejanza o la síntesis de propiedades. Hemos aludido al método de inferencia porque es el que permite validar aquellas ideas o representaciones que no resultan inmediatas a una atestación por la sensación. Es de lamentar, sin embargo, que el filósofo de Samos no desarrollara un comentario sustancial sobre el problema de la *prólepsis* en el cual se expresara claramente a favor de uno u otro punto de vista —o bien el psicológico o bien el lógico—.

Merece, asimismo, un particular análisis la presentación que sobre este tema hace Clemente de Alejandría, porque ofrece una definición de *prólepsis* que sería un acto de atención (*epibolḗ*) sobre algo evidente (*epi ti enargḗs*) y sobre el concepto evidente de la cosa (*epi tēn enargē tou pragmatós epínoian*).[82] Según el testimonio de

79 Cf. Lucrecio, *DRN*, II, 745; IV, 476 y 854; V, 124.

80 Cf. Lucrecio, *DRN*, IV, 479; V, 182 y 1045.

81 Cf. Lucrecio, *DRN*, II, 123-124; V, 181-185.

82 Cf. Clemente de Alejandría, *Strómata,* II, 4 = Us.255. Sedley (1973:25) recomienda prudencia con este testimonio y en el mismo sentido se manifiesta Verde (2013:70-71).

Clemente, esta *prólepsis* del pensamiento admitiría ser concebida como una focalización de la razón (*logismós*) sobre la sensación y la noción; más aún, designaría al movimiento general mismo de focalizar la razón sobre una representación. Lo afirmado no permite, empero, concluir que la *epibolḗ* pueda identificarse con la *prólepsis* como criterio de verdad del canon en su doble función pasiva —depósito— y activa —acto de pensar—. Acerca de esta última función, quisiéramos subrayar que, en la medida que la *prólepsis* indica en la mente la relación entre palabra y cosa, necesita de la memoria; a saber, de una actividad o, mejor aun, de un trabajo que reactualiza el tipo de naturaleza sensible. La *prólepsis*, pues, es siempre verdadera y su estatuto de verdad no necesita demostración,[83] ya que se justifica por la eficacia de su acción pasivo-activa y regresivo-progresiva.

Así como Sedley mostró que el método de inferencia constituía un fundamento epistémico de la ética y Asmis hizo lo propio para el poema de Lucrecio, Pierre Marie Morel aportó una lectura novedosa respecto de la *prólepsis*. En su reconstrucción, se la considera un concepto clave de la epistemología epicúrea hasta tal punto que Morel propone caracterizarla como un *método proléptico*. Según esta interpretación, toda *prólepsis* da una idea general que resulta útil como definición.[84] El método proléptico es el que mejor respondería a la aporía señalada por Platón en el *Menón*. Allí Platón asevera que no se puede investigar aquello que se ignora, puesto que se ignora; y tampoco, observa, es posible hacerlo si ya se sabe lo que se quiere investigar. En oposición a este argumento, Epicuro defiende que la *prólepsis* juega un rol decisivo con vistas a la búsqueda de la verdad; ese rol puede manifestarse, por ejemplo, bajo el aspecto de una negación, como en el caso de la *prólepsis* de los dioses, que afirma lo que éstos no son, pero, a la vez, ella otorga a la definición toda la fuerza de su validez y legitimidad.

La *idea*, por lo tanto, es comprendida por el empirismo epicureísta como una manera de asociar las imágenes mentales que han surgido de la observación de los fenómenos. Sin embargo, lejos de referirse a una ley psicológica, se opta por afirmar una metodología —como bien ha señalado Morel (2007a)— según la

---

83 Cf. Asmis (1984:79).

84 Cf. Morel (2007a: 25-48).

cual la *prólepsis* funciona como el principio que inicia una investigación; en este sentido, se trata de un principio indemostrable, pero ello no habilita a que se le adjudique un carácter innato. Para finalizar, no debe omitirse la cuestión de que, en el orden de las definiciones, la *prólepsis* cumple la función fundamental de validar las opiniones inferidas a partir de la sensación, precisamente, en tanto regula las diversas variaciones de las experiencias posibles.

Capítulo III

El placer. La división de los placeres

En este capítulo, abordaremos el hedonismo epicúreo a partir de sus fuentes textuales y mediante la vinculación polémica que mantuvo con los cirenaicos. Una vez definidas las condiciones bajo las cuales Epicuro sostiene que el placer es el fin connatural de una vida feliz, se desplegarán aspectos clave de este singular hedonismo. Recorreremos, entre otros lugares ineludibles de la filosofía epicúrea del placer, la caracterización que puede asumir como una filosofía del límite. Nos centraremos en el argumento de la cuna, en la exposición sobre las virtudes —y las razones por las que todas ellas se unifican con el placer por mediación de la prudencia (*phrónẹsis*)— y, para terminar, en las consideraciones acerca de la amistad (*philía*).

1. El placer como fin connatural

Epicuro continuó la fundamentación de la tradición ética griega sobre la naturaleza de la felicidad (*eudaimonía*) y los medios por los cuales se podía realizar.[1] La identificación de la felicidad (*eudaimonía*) con el placer (*hẹdonẹ́*) provocó una de las mayores controversias asociadas con el epicureísmo y fue el semillero de constantes ataques recibido por este de parte de las otras corrientes filosóficas. Se debe en parte a ello que el filósofo del Jardín haya dirigido su esfuerzo argumentativo a sostener que es en el placer (*hẹdonẹ́*) donde se encuentra el contenido de una vida buena y el fin último para los hombres. Pero, si una buena vida no puede darse sin placer, tampoco es posible sin virtud (*aretẹ́*). En efecto,

1 Cf. *Ep. Men*, §122.

Epicuro desplegó una aquilatada argumentación con el fin de mostrar los lazos que unen una vida buena, virtuosa y placentera; en esa misma dirección, aunque no sin obstáculos, mostró la validez de considerar el placer como fin (*télos*) de una acción racional.[2]

La tendencia moderna a asociar el placer con una sensación duradera se manifiesta de modo contundente al indagar en el uso actual de los términos, que parece considerarlos idénticos.[3] Sin embargo, gracias a Merlan, sabemos que esta asociación está muy lejos del uso *sui generis* que Epicuro hacía del vocablo *hēdonḗ*; a consecuencia de lo cual no es tan fácil sostener que tal identificación tenga cabida en el marco de las reflexiones del filósofo del Jardín. Ello no significa que en un contexto preciso no puedan existir razones que avalen esa interpretación.[4] Ahora bien, Epicuro, en sus diversos razonamientos, sostuvo que *hēdonḗ* es una afección (*páthos*); de este modo, designa un conjunto de estados que exceden ampliamente lo que se podría identificar con una sensación en sentido moderno. De la lectura de los §128-§129 del compendio de su ética —*Epístola a Meneceo*— se desprende, además, la definición del placer como *arkhḗ* y *télos*. Esto es, el comienzo y el fin de una vida bienaventurada (*tou makáriōs zē̂n*). Precisamente, desde la perspectiva de la filosofía epicúrea, el placer es el que ordena una vida ética para los hombres porque determina, en tanto criterio de verdad integrante del canon, sus elecciones y rechazos. Más aún, en el §128, se precisa que esa vida buena consiste en la salud del cuerpo (*aponía*) y la tranquilidad del alma (*ataraxía*). El placer (*hēdonḗ*) sólo puede ser comprendido en su naturaleza, pues, como resultado de esta doble composición de *aponía* y *ataraxía*.[5]

Epicuro sostenía, asimismo, que el placer satisface los requisitos para ser identificado con la felicidad en toda circunstancia, y que por ello es un criterio de verdad que delimita lo que se puede elegir y lo que se ha de rechazar.[6] Una interpretación recurrente

---

2 Cf. Cic., *De Fin.*, I, 30; Zeller (1880:418).

3 Cf. Gosling y Taylor (1982:347); Brunschwig (1993:122-123).

4 Cf. Merlan (1960:1) que siguiendo a Mewaldt (1949:15) cuando traduce *hēdonḗ* por *Freude* le permite sostener que Epicuro antes que un filósofo del placer es un filósofo del gozo.

5 Para Cicerón, el argumento en torno a una tal naturaleza constituía, sin embargo, una pura y simple superstición y una *contradictio in terminis* que no resistía el menor análisis. Cf. Cic., *Disp. Tusc.*, III, 47 y *De Fin.*, II, 29-30.

6 Cf. *Ep. Men*, §128.

afirma, no obstante, que la teoría epicúrea de la felicidad presenta una debilidad sustancial en la enunciación de los contenidos que el placer debería satisfacer para ser considerado como la naturaleza propia de la felicidad.[7] Aun así, nuestra lectura halla que las condiciones normativas para tener por establecida esa correspondencia entre placer y felicidad aparecen a lo largo de la extensa caracterización que Epicuro hace del placer (*hēdonē*).[8]

La filosofía epicúrea propone que los hombres se vuelvan invulnerables a la fortuna,[9] autárquicos[10] y autosuficientes[11] mediante el placer; y que es así como disponen de todos los bienes necesarios para satisfacer lo que por naturaleza se requiere para ser feliz.[12] Queda claro, pues, el modo en que Epicuro se alejó de la concepción cirenaica. Esta escuela no veía la felicidad como un bien en sí mismo; lo que contaba eran los placeres particulares que el hombre pudiera alcanzar. Si el placer cirenaico es un placer en movimiento (*kinētikón*), el epicúreo —por su identificación con la felicidad— es, necesariamente, estable (*katastematikón*).

La teoría epicúrea no busca, entonces, una intensificación o maximización del placer; por el contrario, el placer es sostenido como fin último sólo a condición de que el hombre organice su vida de forma racional. No se trata, tampoco, de una estrategia que se aplica de forma global a la vida mediante un juego de compensaciones. Es decir, no se busca la estabilidad a través de la compensación entre momentos de fuerte vivencia del placer y otros en que éste se escapa irremediablemente. Tal hipótesis se sostiene en un presupuesto falso sobre el hedonismo epicúreo que propone la siguiente secuencia: en el inicio hay una sensación, la cual, una vez identificada, se busca maximizar. Si el placer como fin de la vida buena se comprendiese de este modo, entonces, para Epicuro, la cuestión quedaría reducida a lo individual de forma excluyente. Y de ello se podría concluir, en principio, que no existe posibilidad alguna de comunicar y enseñar a otros hombres

7 Cf. Cic., *De Fin.*, I, 29. Cf. Pesce (1981:99).

8 Cf. *Ep. Men*, §128. Cf. Mitsis (2015:56-57).

9 Cf. *Ep. Men*, §131 a.

10 Cf. Bailey (1926:336).

11 Cf. *Ep. Men*, §130; *SV* 44; *SV* 77.

12 Cf. *Ep. Men*, §131a.

los beneficios de limitarse a satisfacer los deseos y necesidades naturales.[13]

Sin embargo, muy por el contrario, los argumentos epicúreos sí responden a la cuestión central de cómo y por qué distinguir los deseos naturales que llevan a los hombres a una elección racional.[14] Para fundamentar esta afirmación habrá que mostrar el modo en que el placer, las sensaciones y los estados emocionales pueden, desde el punto de vista de la filosofía epicúrea, generar un tipo de conocimiento. Es decir, se tratará de dar cuenta de cómo las afecciones (*páthe̱)* intervienen en los procesos cognitivos; de por qué son elegibles los placeres estables (*katastematikón*) y no los placeres en movimiento (*kine̱tikón*); y se expondrá cómo se intersecan la ausencia de dolor en el cuerpo (*aponía*) y la imperturbabilidad en el alma (*ataraxía*); todo ello dirigido al logro del placer como fin último de la vida. Estas son las razones que permiten sostener el hedonismo de la ética epicúrea, ya que en ellas se reafirma que el fin natural de los seres humanos es el logro de un estado de placer.

Resulta indispensable señalar la dificultad que se presenta a la ética epicúrea al momento en que debe pasar de las afirmaciones descriptivas sobre la condición humana a justificar las proposiciones normativas cuyo cumplimiento conduciría a la felicidad del hombre. A ello se suma otro problema, el hecho de que el naturalismo epicúreo se manifieste ateleológico, premisa según la cual los seres humanos no están determinados por la naturaleza a perseguir el placer como fin último.[15] En respuesta a estos problemas, que no le pasaban desapercibidos, el filósofo del Jardín sostiene que el ser humano se halla en condiciones de alcanzar ese estado óptimo que se llama *placer* mediante los procesos emocionales y cognitivos. Pero la tarea de vivir bien y de realizar el estado más elevado de placer durante el transcurso de su vida corresponderá a cada uno en acuerdo con su propio discernimiento. Si logra ese fin, no es otra cosa que el mayor estado que un individuo puede realizar dentro de la especie. En tal sentido, se debe evitar o huir del dolor, ante todo, porque implica una disminución como efecto de un estado emocional y cognitivo inadecuado.

---

13 Cf. *Ep. Men*, §127; *MC* XXIX; *SV* 21.

14 Cf. Arrighetti (1984:386); Brunschwig (1993:121-151).

15 Cf. *Ep. Men*, §129; *MC* VIII; *MC* IX.

Se comprende que, para la filosofía epicúrea, el placer y el dolor (*páthe̱*) son los *criterios de verdad* que permiten discernir —en el ámbito ético— aquello que se elige y lo que se rechaza. En el dominio epistemológico, el criterio de verdad está dado por la sensación (*aísthe̱sis*) y la prólepsis (*próle̱psis)*; en el dominio ético, por su parte, el estado de placer es signo de la bondad de ciertas acciones o determinados estados de vida que es válido buscar. Por consiguiente, el dolor es una experiencia que funciona como signo negativo, por lo cual se lo vive como algo dañino o malo que se debería evitar.[16] Si las pasiones (*páthe̱*) de placer y dolor se afirman como principios de lo que se debe buscar y lo que se tiene que rechazar, es porque se presentan, intrínsecamente, como evidentes. Por ello, no hay para los hombres racionales más camino que aceptar la evidencia de estos principios, del mismo modo en que lo hacen los animales y los seres prerracionales —como los niños—, según se expresa en el argumento de la cuna. Pasemos a considerar, entonces, dicho argumento y las interpretaciones a que ha dado lugar, ya que ello arrojará luz sobre el modo en que Epicuro elabora el principio de que el placer es fin natural para los hombres.

2. El argumento epicúreo de la cuna

El argumento epicúreo de la cuna, reconstruido por Brunschwig, afirma que los seres humanos, en tanto seres racionales, deberían admitir que es por naturaleza que se busca el placer y se evita el dolor.[17] Seguidamente, se discute si los seres humanos prerracionales —los niños— y los seres irracionales —los animales— se hallan, o no, íntimamente persuadidos de la evidencia de este criterio. El argumento puede establecerse con detalle gracias al testimonio del crítico más severo del epicureísmo en la Antigüedad, Cicerón.[18]

16 Cf. *Ep. Men*, §129.

17 Cf. Brunschwig (1993:147) se pregunta si el argumento de la cuna fue presentado en lo que se sabe fue la mayor exposición de la ética epicúrea hoy perdida para nosotros el *Perí télous*. Usener se inclina favorablemente por esta hipótesis en tanto que Arrighetti la descarta.

18 Cf. Cic., *De Fin.*, I, 30; Striker (1996:198).

Con vistas a sostener que el placer es el fin natural que todos los hombres deberían perseguir, Epicuro propone una comparación. En ella incluye a los animales, a los niños y a aquellos que nunca llegarán a formas de razonabilidad, todos los cuales —a diferencia de los hombres, ya influidos por las creencias— se relacionan con lo gozoso y placentero de forma inmediata y, por lo tanto, connatural. Desde que un animal ha nacido (*omne animal simulaque natum sit*), busca (*appetere*) el placer y lo disfruta (*gaudere*) como bien supremo, mientras que evita (*aspernari*) el dolor como el mal soberano y lo rechaza (*repellere*) absolutamente. Esto lo hace porque no ha sido corrompido por creencia alguna y continúa viviendo según el razonamiento inocente y sano de la naturaleza misma.[19] Como se puede apreciar, el argumento resulta de sumo interés, pues formula un dilema que nos obliga a elegir entre dos afirmaciones opuestas: o el placer se sigue una vez que se lo ha gustado y experimentado, o es un acto instintivo anterior a toda experiencia. Efectivamente, se impone determinar si hay una búsqueda instintiva del placer por parte del niño, o si ella se debe a que ha desarrollado ciertas actividades que fueron placenteras y tiende a repetirlas. Epicuro se mantiene en silencio respecto a estas cuestiones. Lo único que afirma en el fragmento donde desarrolla esta disyuntiva es que, desde el nacimiento, el placer es un estado natural, solo que no se conserva inalterable, sino que puede ser corrompido o distorsionado —aunque también recuperado— por los seres humanos. En este punto, Epicuro continúa la tradición antigua según la cual el niño sigue el principio de placer inmediatamente —un tópico que ya la Academia discutía—.[20]

Este argumento presenta, entre otros problemas, el de la falta de claridad sobre el orden temporal que impera para que el principio de placer sea el motor inmediato de los niños. Como ya dijimos, no se sabe si el niño busca seguir una tendencia natural, o bien si, porque ha realizado y repetido una serie de actividades que le resultaron placenteras, procura reforzarlas. Al no optar Epicuro por una de estas posibilidades, lleva a pensar que el argumento sólo subraya el carácter primario de la consecución del placer en el

19 Cf. Cic., *De Fin.*, I, 30. *DL*, X, 137; Sexto Empírico, *Esbozos Pirrónicos*, III, 194 = Us.398.

20 Cf. *EN*, X, 1172 b10 y *EN*, VII, 1152 b 19.

niño. La originalidad epicúrea radica, en cualquier caso, en afirmar que los seres humanos se abren al placer, "desde el nacimiento", por naturaleza. Así, pues, para Epicuro, la búsqueda del placer por parte del adulto no es producto de un desarrollo evolutivo a través de la niñez. Claramente, no se trata de un proceso por el cual el hombre adulto ha fijado una serie de experiencias placenteras, sino que, anterior a todas ellas, existe esta tendencia hacia el placer.[21] Como bien se recordará, Aristóteles defendía una hipótesis contraria, ya que su esfuerzo se centraba en descubrir la naturaleza de los seres humanos. En este sentido, afirmaba que el estado natural se da en la adultez. Desde su perspectiva, resulta evidente que los niños no han alcanzado el crecimiento total porque la naturaleza humana completa requiere del lenguaje y de la razón, que son, en definitiva, los signos de que el hombre ha iniciado el camino hacia la ciudadanía.[22] En síntesis, el argumento de la cuna, además de manifestar la articulación lograda por Epicuro con relación a un problema complejo, deja sentada, como interpreta Brunschwig, la originalidad del filósofo del Jardín. Esta reside no en dar un "sentido normativo a la idea de naturaleza —cosa que se había hecho antes en nombre de un inmoralismo con conexiones sofistas y, como reacción a esto, por algunos moralistas que intentaban contrarrestar dicho inmoralismo con un nuevo llamado a la conformidad con la naturaleza—, sino en haber cambiado el sujeto de la identificación de lo natural".[23]

El argumento de la cuna ratifica que el placer, como criterio de elección, lejos de consistir en una inferencia que se realiza a partir de una descripción, es, simplemente, una intuición inmediata semejante y comparable a la intuición sensorial. Para la filosofía epicúrea, lo que el adulto debe observar en el niño es la conexión inmediata con el placer; justamente, es una pasión (*páthos álogos*), que no ha sido distorsionada por ningún juicio. En el caso del adulto, por tanto, se trata de que se libere de los falsos juicios que le impiden acercarse al placer como lo hace el niño. Está claro que ni el argumento de la cuna ni la mera observación del niño y su relación con el placer bastan para justificar la identificación del

---

21 Cf. Brunschwig (1993:126).

22 Cf. *Pol*, I, 1254 a 36-37; *EN*, II, 1100 a2.

23 Cf. Brunschwig (1993:126).

placer como bien supremo; Epicuro sostiene, en cambio, que ayudan al adulto a aceptar ese estado emocional, que no es otra cosa que un delicado equilibrio entre la intuición y el razonamiento.

La ambigüedad entre intuición y razonamiento es otra dificultad que mantuvo en tensión a los epicúreos, tal como lo atestigua Torcuato en el *De Finibus* I, 30. Mientras un primer grupo utilizaba el argumento de la cuna para sostener que la sensación es lo único que se tiene en cuenta como criterio de elección, un segundo grupo se ocupaba de exponer con la mayor exactitud por qué y cómo placer y dolor constituyen el bien supremo y fin natural de la vida de los hombres.

En el primer caso, se adoptaba una visión más elaborada que defendía la posibilidad de reemplazar la sensación por el segundo criterio de verdad, es decir, la *prólepsis*, entendida como una prenoción que hace que los hombres sientan que se debe buscar el placer y huir del dolor. Según dicha perspectiva, tanto la sensación como la prenoción (*prólępsis*) captan el placer en su inmediatez, a la vez que permiten mostrarlo en su doble rostro intuitivo y racional.

El segundo grupo mencionado por Torcuato —y con cuya posición él acuerda— intentaba refutar las tesis antihedonistas, las cuales sostenían que los seres humanos adultos no siempre se entregan a los placeres y que hay una aprobación generalizada hacia esta acción. Epicuro, según Torcuato, no niega que haya placeres que deben ser evitados para obtener un placer mayor, o dolores que deben ser soportados con la misma finalidad; pero ni en uno ni en otro caso se puede concluir que el placer no sea el bien. En definitiva, el rechazo de un placer es admisible en la medida en que, posteriormente, podría acarrear un dolor, pero no por tratarse en sí de un placer.

Desde otro punto de vista, Sedley, tras analizar el argumento de la cuna reconstruido por Brunschwig, se resiste a otorgarle un carácter central en la exposición de la ética epicúrea. En su lugar, propone seguir el método utilizado en la reconstrucción argumental de la *Epístola a Heródoto*, epítome de *la physiología* epicúrea y, para ello, remitirse, además, a la exposición poética de Lucrecio.[24] En efecto, Sedley sostiene que el mismo procedimiento se podría aplicar a la ética epicúrea para determinar su

24 Cf. Sedley (1996:313-339).

estructura argumental. Sin embargo, advierte que no resultaría exitoso con la *Epístola a Meneceo*, porque este texto no buscaba desarrollar argumentos éticos, sino sólo enunciar brevemente el *tetraphármakos*, que se expone de manera dogmática a fin de recordar el núcleo de la ética epicúrea.[25] En cambio, encuentra que un desarrollo argumental adecuado puede hallarse en la crítica ciceroniana del Libro I del *De Finibus*. Aunque no se trata de un escrito del propio Epicuro —y sin desconocer las intromisiones y olvidos que el personaje Torcuato comete—, desde el punto de vista de Sedley, se hace evidente que Epicuro utilizó el mismo método de la física para su ética. Si en la física todo se estructura por los polos complementarios de cuerpo y espacio, en el mismo sentido, la ética epicúrea establece las nociones de placer y de dolor. A este esquema dualístico básico que para el epicureísmo ha de ser autoevidente, le sigue un segundo momento de análisis, confirmación y ampliación de los conceptos.

El desarrollo conceptual de las díadas en la física epicúrea permite describir con precisión las características de los cuerpos y su imposibilidad de ser divididos hasta el infinito, junto con las particularidades del vacío, que no ofrece resistencia y que es el que permite el movimiento.[26] De modo semejante, la ética establece el placer como el "sumo bien" —así lo expone Cicerón—, y el dolor como "sumo mal". Precisamente, por el placer, los hombres eligen; en cambio, por el dolor, rechazan.[27] Finalmente, se muestra el carácter exhaustivo de la dicotomía y cómo este par de contradictorios funciona de manera articulada mediante la negación de un punto intermedio entre ellos. La teoría física prueba la existencia de los cuerpos y del vacío mediante el fenómeno del movimiento; la teoría ética, por su parte, prueba la oposición entre placer y dolor a través de la negación taxativa de un estado intermedio entre ellos, porque la ausencia de dolor ya es placer.

Aunque Sedley no desestima el valor filológico y filosófico del trabajo de reconstrucción de Brunschwig, presenta una serie de dudas acerca de cómo se podría efectuar el pasaje desde la sensación animal y la actitud de los niños de ir tras el placer y evitar

25 Cf. *MC* I; *MC* II; *MC* III; *MC* IV. Cf. Sedley (1996:313).

26 Cf. *Ep. Her*, § 39, 6-8.

27 Cf. Cic., *De Fin.*, I, 29-30; cf. *Ep.Men*, §129-§130.

el dolor para establecerlos como criterio normativo. Al respecto, señala como una debilidad de la interpretación propuesta por Brunschwig del argumento epicúreo, el que apele a la intuición como fundamento de los estados normativos, de lo cual los humanos adultos no resultan el mejor ejemplo. Es decir, la intuición que los adultos han tenido de seguir el placer y evitar el dolor se ha visto oscurecida al aceptar, sin razonamiento alguno, un sistema de valores que se les impone artificialmente. Para Sedley, la originalidad de la filosofía de Epicuro reside en que hizo del método inferencial el fundamento de la ética, y a ello atribuye su fuerza explicativa.[28]

Desde nuestro punto de vista, aun con las debilidades señaladas por Sedley, Epicuro logra mostrar que el placer es un bien y fin connatural (*agathòn prȏton kaì suyyenikón*) para la vida de los hombres, y el argumento de la cuna no juega en ello un papel menor.[29] Más aun, atestigua que hay un lazo natural de los hombres con el placer que lo convierte en criterio para la búsqueda de su fin, lo cual dista mucho de afirmar que la infancia sea el momento natural de realización de ese placer. Asimismo, el argumento analizado introduce lo que será una constante de la filosofía ética epicúrea, la necesidad de unir a esta intuición natural del placer el sobrio razonamiento. Será imprescindible, entonces, profundizar el análisis del epicureísmo que lleva adelante Cicerón, su crítico más lucido —como ya dijimos—, para caracterizar con mayor precisión al hedonismo epicúreo.

3. La crítica de Cicerón al hedonismo epicúreo

Las argumentaciones críticas que Cicerón presenta de manera sustancial en el *De finibus* requieren exponer, previamente, el modo en que Epicuro formula la relación entre la cantidad —o intensidad— del placer y su duración. En la *Máxima Capital* XIX, afirma que "el tiempo ilimitado contiene un placer igual (*ísen hedonèn*) al del tiempo limitado, si se miden los límites de este placer por el razonamiento".[30] Epicuro piensa que la extensión del

28 Cf. Giovacchini (2012) para una precisa reconstrucción argumental del método de inferencia en la filosofía epicúrea.

29 Cf. *Ep.Men*, §129; *MC* XIV; *MC* XXV; Cic., *De Fin*., I, 71.

30 Cf. Cic., *De Fin*., I, 63.

placer no puede medirse en relación con su duración, y que, en todo caso, el único criterio aplicable en términos de medida es el que ofrece el razonamiento sobrio (*nḗphōn logismós*). La justificación de esta tesis central del hedonismo epicúreo se continúa en la *Máxima Capital* XX; allí insiste el filósofo de Samos en que los hombres yerran al ansiar una medida cuantitativamente infinita de placer en la carne, porque la medida adecuada es la que establece el razonamiento.[31] Un ejemplo de este error es el temor infundado a la muerte, que se expresa en el deseo de una supervivencia del alma; la opinión errónea acerca del carácter fundado del deseo de extender la vida en el tiempo ilimitadamente sólo se combate si los hombres se atienen al razonamiento sobrio que impone límites al placer.[32] No obstante, los argumentos epicúreos contra el temor a la muerte son quizás los menos persuasivos. No es tan evidente para los hombres que la muerte no implique ninguna pérdida o privación de los bienes poseídos. Fundamentalmente, lo que Epicuro defiende es que, una vez que el hombre está en posesión de una comprensión racional adecuada (*nḗphōn logismós*) de todas las cuestiones referidas a la vida, logra una vida completa, por lo que ya no tiene motivo para buscar la infinitud.[33] En la visión epicúrea, por tanto, ninguna experiencia particular y completa del placer podría ser intensificada a partir de extender los límites temporales.[34]

En la *Máxima Capital* XVII, se reitera el valor de la relación entre el placer y el razonamiento sobrio que fija su límite. Así, el argumento utilizado en dicha *Máxima Capital* señala que "no se acrecienta el placer en la carne una vez suprimido el dolor por alguna carencia, sino que solamente se colorea. El límite del pensamiento respecto del placer lo engendra la deliberación sobre estas cosas mismas y las de igual género, las que ocasionan al pensamiento los más grandes temores". El placer surge cuando la carencia es eliminada, y es de esto, exactamente, de lo que se trata la completud, acabamiento o plenitud.

---

31 Para el concepto de límite cf. De Lacy (2003:199-205) y Salem (1994:83-99).

32 Cf. *MC* XX.

33 Cf. Long y Sedley (2001:247-253).

34 Cf. Rosenbaum (1990:21-41).

Ahora bien, la crítica de Cicerón se centra en lo que juzga como el verdadero error epicúreo: negar que el placer pueda ser mayor en duración infinita que en un tiempo limitado y breve no solo resulta incongruente sino que tampoco resuelve la inconsistencia mayor de presentar como fin último de la vida al placer. Tal como Cicerón piensa el problema, lo único que conduce a una vida perfecta y acabada es considerar a la virtud como fin último, con lo cual, una vez conseguido este bien supremo, el tiempo como medida carece de sentido.[35]

Asimismo, en el examen ciceroniano, se señala el contrasentido presente en otros argumentos epicúreos por el tratamiento que recibe el dolor en relación con el tiempo, ya que se vuelve a hablar de duración. Al respecto, Cicerón observa que, cuando Epicuro considera que el dolor no dura sino poco tiempo, cae en una contradicción, pues hace del tiempo el criterio de evaluación de los dolores y, por esa vía, se vuelve a instalar la duración como parámetro —a la que antes había impugnado para los placeres—.[36] Además, para Cicerón, Epicuro, al abordar el dolor en relación con la intensidad, incurre aun en otra inconsistencia; pues, aunque parece negar una noción de intensidad variable, en realidad, la introduce como condición para la liberación del dolor y el consecuente advenimiento del placer; y esto lo lleva a distinguir, a la vez, en el dolor, niveles de intensidad crecientes y decrecientes. En conclusión, en el exhaustivo análisis ciceroniano, se pone en evidencia que, tras describir el dolor y el placer como dos estados contrapuestos y sucesivos, aunque nada afirma Epicuro acerca de distinciones de intensidad y duración para el placer, sí las introduce para el análisis del dolor.[37] Con lo cual incurre, para el Arpinate, en una evidente contradicción.

Otra serie de objeciones ciceronianas surge en relación con el temor a la muerte. Según el filósofo del Jardín, la muerte no es nada para los hombres porque ésta no disminuye ningún bien completo obtenido por ellos. Sin embargo, Cicerón observa que, aun así, no dejan de temerla, y de este modo, el argumento de Epicuro se muestra, a su juicio, insuficiente. Además, es justo

---

35 Cf. Cic., *De Fin.*, II, 88-90.

36 Cf. *MC* IV.

37 Cf. *MC* III; *MC* XVIII; Cic., *De Fin.*, I, 37.

pensar, agrega Cicerón, que la muerte interrumpe los gozos y beneficios de la vida y, por lo tanto, que los hombres la teman es comprensible. Para terminar, afirma que el mismo Epicuro contradijo en los hechos sus enseñanzas de que la muerte no es nada para los hombres, ya que pidió a sus herederos que lo recordasen en el día de su cumpleaños.[38]

Otro aspecto del análisis crítico de Cicerón se centra en la clasificación de los placeres según Epicuro, la cual, desde su perspectiva, presenta un criterio demasiado general: "Nadie en efecto, desprecia, odia o rehúye el placer porque sea placer sino porque se siguen grandes dolores a los que no saben gozar del placer con discernimiento. Y tampoco hay nadie que ame, persiga y desee alcanzar el dolor por ser dolor, sino porque, a veces, se presentan circunstancias en las que a costa de fatiga y de dolor se consigue algún gran placer".[39]

Asimismo, Cicerón critica fuertemente el eudaimonismo epicúreo que identifica felicidad y placer. Es oportuno recuperar aquí el texto ciceroniano en el cual presenta los argumentos respectivos.

> Puesto que el fin principal de toda filosofía es la felicidad y sólo para buscar ésta se entregaron los hombres a su estudio, pero la felicidad unos la ponen en un bien y otros en otro y ustedes en el placer, mientras que, por el contrario, ponen todas las desgracias en el dolor, veamos, en primer lugar, en qué consiste esa felicidad. Admitirían, creo yo, que si la felicidad existe, debe estar por completo en poder del sabio. Pues, si la vida feliz puede perderse, no puede ser feliz. Pues ¿quién puede confiar que siempre será para él firme y estable lo que es frágil y caduco?[40]

Cicerón, como se puede observar, desarrolló sutiles objeciones contra el hedonismo epicúreo, desplegadas bajo la forma de argumentos contundentes. Recordemos, por ejemplo, cuando señala que si el placer es el fin último, entonces, la felicidad proveniente de aquel no puede ser sino efímera; por lo tanto, nunca podría conducir al sabio ni al bien completo ni a la invulnerabilidad deseados; menos aun, a la autosuficiencia. La siguiente debilidad del hedonismo epicúreo, a juicio del Arpinate, radicaría en no haber

38 Cf. Cic., *De Fin.*, II, 99-103.

39 Cf. Cic., *De Fin.*, I, 32-33 y I, 48.

40 Cf. Cic., *De Fin.*, II, 86; *De Fin.*, II, 38-44; II, 87.

considerado la existencia de tres estados naturales en cambio de dos, a saber: el placer, el dolor y la ausencia de uno y otro; por el contrario, en la lectura de Cicerón, Epicuro no habría sino unificado el placer y la ausencia de placer y dolor.

Sea de esto lo que fuere, lo cierto es que, para Epicuro, las elecciones y deseos debe examinarse en todo momento bajo el razonamiento adecuado (*né̱pho̱n logismós*) para asegurarse de que cada uno de ellos lleve al bien final que es el placer.[41] Aun cuando Epicuro evalúa y clasifica los placeres, no existe una voluntad de establecer un mecanismo de cálculo, incluso si afirma que "es por el cálculo y la consideración tanto de los provechos como de las desventajas que conviene juzgar todo esto. Pues en algunas circunstancias nos servimos de algo bueno como un mal, y a la inversa, de lo malo como un bien".[42] Una vez más, a lo que se refiere aquí es al razonamiento.

La conocida tesis de que no hay un estado intermedio entre placer y dolor nos permitirá comprender mejor el propósito de la teoría epicúrea del placer.[43] Una vez que todos los deseos han sido satisfechos, el hombre puede considerar que se encuentra en el más elevado estado de placer; por eso, Epicuro afirma que debe escucharse "el grito de la carne: no tener hambre, no tener sed, no tener frío. [Ya que] el que tiene estas cosas, y la esperanza de tenerlas, puede rivalizar <con Zeus> en felicidad".[44]

El hedonismo epicúreo tiene como punto de partida el placer en movimiento —propio de los niños y las bestias—; no obstante, su fin último es el placer estable, cuyo máximo contenido es la negación del dolor.[45] Para Epicuro, una vez que se han satisfecho los deseos naturales y necesarios, se ha alcanzado el estado más agradable posible para el hombre: psicológicamente, la *ataraxía*, y corporalmente, la *aponía*. Es decir, en la filosofía epicúrea, un

---

41 Cf. *Ep.Men*, §128; §132; *SV* 71; *MC* XXV. Cf. Gosling y Taylor (1982:359-360) critican esta propuesta epicúrea de una atención al detalle del cálculo hedonista porque nos aleja decididamente del placer y nos conduce a la inseguridad y ansiedad constante.

42 Cf. *Ep.Men*, §130.

43 Cf. Plutarco, *Contra Colotes* 1123 a = Us.420.

44 Cf. *SV* 33.

45 Cf. Cic., *De Fin.*, I, 38 y II, 16; Cic., *Disp. Tusc.*, III, XX, 47.

deseo natural y necesario se satisface o no, con lo cual la noción de neutralidad no tiene ningún objeto o función.

4. Entre el hedonismo psicológico y el hedonismo ético[46]

Luego de haber recorrido las argumentaciones epicúreas en torno al placer junto con las críticas que les propina Cicerón, la definición del tipo de hedonismo al que adhiere Epicuro parece presentar cierta ambivalencia. Por una parte, el argumento de la cuna, por el cual los niños y bestias devienen en *specula naturae* —espejos de la naturaleza—, sugiere el compromiso epicúreo con un hedonismo psicológico.[47] Desde este punto de vista, todas las acciones de un ser adulto racional se explican, fundamentalmente, por la búsqueda del placer. Ello da lugar al surgimiento de una corriente interpretativa según la cual se parte de una sensación que se va diferenciando por el grado de intensidad y duración; se busca, pues, ir tras las sensaciones agradables y huir de las desagradables. En esta dirección, el placer se comprende como subjetivo; las sensaciones son consideradas como distinguibles de modo inmediato y se defiende que es posible separarlas para su reconocimiento.[48]

El hedonismo epicúreo ha sido interpretado de un modo muy diferente por las teorías disposicionalistas o motivacionales del placer, las que contrastan enérgicamente con el planteo anterior. No se trata, para estas, de aquello que se reconoce de manera inmediata por la sensación, sino de lo que es percibido como la satisfacción de un deseo.[49] Los deseos que se espera satisfacer de inmediato son los naturales y necesarios; ahora bien, si el deseo en cuestión resulta imposible de satisfacer o genera una serie de dependencias que no conducen al placer puede que él mismo sea el problema. Desde la teoría disposicionalista ni la intensidad ni la

46 Cf. Sigdwick (1981:40). Para una visión del hedonismo psicológico cf. Bentham (1789) cap. IV; von Wright (1963:79). Para la caracterización del hedonismo ético cf. Moore (1903:59). Un análisis de esta tensión en el hedonismo epicúreo cf. Mitsis (2015:51-59); Warren (2007a:118-123).

47 Cf. Cic., *De Fin.*, II, 32.

48 Cf. *Ep. Men*, §132; *SV* 78; Cic., *De Fin.*, I, 55. Cf. Cooper (1999:485-514); Woolf (2004:303-322).

49 Cf. Mitsis (2015:60).

duración constituyen un criterio válido para clasificar los placeres. Una vez satisfecho el deseo, no interesa el grado de intensidad que se logra, por lo cual se centra en los tipos de deseos que se tienen. Un hombre debe establecer una escala de deseos que no lo lleve a la frustración, o a verse arrastrado, permanentemente, por el salto de un deseo a otro, sin lograr un aquietamiento y su correspondiente sensación agradable, ya que, en tales casos, permanece en la insatisfacción y abrumado por la carga de dolor que ello comporta.[50]

En definitiva, como hemos visto que se desprende tanto de las fuentes como de las diversas lecturas críticas de la filosofía epicúrea, es el mismo Epicuro quien sostiene una serie de premisas que legitiman la oscilación entre estas dos grandes posiciones interpretativas.

5. División de los placeres: placeres cinéticos y *katastemáticos*

Lo que no debe perderse de vista, a nuestro juicio, es la insistencia epicúrea en que el placer es el único bien en sí. En efecto, encontramos esta afirmación tanto en la argumentación breve de la *Epístola a Meneceo* §128-§129 como en el testimonio de Ateneo. En este último texto, puede leerse incluso cierta provocación, pues afirma: "yo escupo sobre la belleza (*tǫ kalǫ́n*), y sobre aquellos que la admiran vanamente, si no obtienen [de ella] algún placer".[51] El placer, en su pensamiento, es el fin último del obrar humano.

Ya hemos analizado el carácter paradojal del hedonismo epicúreo.[52] Sabido es que las tesis hedonistas habían sido discutidas por las escuelas de Platón y Aristóteles; más precisamente, se cuestionaba que el placer pudiera ser considerado el *télos* de la vida humana.[53] Por otra parte, los cirenaicos, contemporáneos de Epicuro, pensaban que el placer podía ser un fin pero solo en su relación con la satisfacción de deseo. El placer, en tal sentido, se presenta como un proceso que, episódicamente, busca restablecer una falta fisiológica o la satisfacción de un deseo particular. Pero,

---

50 Cf. *Ep.Men,* §128- §131; *SV* 33; *MC* XVIII.

51 Cf. Ateneo, *Deipnosofistas*, 547 a = Us.512.

52 Cf. Merlan (1960:11-12); Striker (1996:196); Diano (1974:37-39); Rist (1972:170-172); Giannantoni (1984:30-32); Annas (1993b:188); Hossenfelder (1993:251-253); Mitsis (2015:86-92); Erler y Schofield (1999:651-657).

53 Cf. Bravo (2009:325-327).

entendido como solución de la falta, no puede tener ni durabilidad ni persistencia tras el fin del proceso, sino que, necesariamente, su destino es desaparecer.[54] Los cirenaicos, pues, concebían el deseo como la conciencia de una falta, de lo cual se seguía un proceso que siempre involucraba un movimiento o cambio (*kínēsis*), y este constituía la naturaleza misma del placer. En consonancia con dicha idea, sostenían que el placer es episódico, efímero y que no se realiza con vistas a una conservación, por lo tanto, difícilmente resultaría adecuado para ser en sí el contenido de la felicidad (*eudaimonía*) y el fin (*télos*) natural de los seres humanos. En este sentido, aconsejaban la búsqueda de una acumulación de placeres vividos máximamente para alcanzar una vida buena. Sin embargo, en una concepción de la felicidad (*eudaimonía)* en la cual se supone que la vida buena sólo puede darse si el bien es estable y permanente, se hace evidente que el placer no cumpliría este requisito.[55]

Ahora bien, resulta de interés indagar las razones por las cuales los epicúreos y los cirenaicos, aun cuando comparten un compromiso con el hedonismo, no acuerdan en su fundamentación ni en sus presupuestos psicológicos y epistemológicos.[56] Los cirenaicos afirmaban que todos los afectos (*páthē*) propios de un ser humano eran reductibles solo a él. Entendían, así, que, aunque un individuo podía dar un informe verdadero y cierto de aquello por lo que estaba afectado, no contaba con los medios para dar cuenta de una creencia verdadera sobre la naturaleza de los objetos externos bajo ningún lenguaje, método u otra forma de comunicación.[57]

Por el contrario, Epicuro, en su teoría del conocimiento, había establecido las pasiones (*páthē*) —placer y dolor— como criterios de verdad, y los consideraba, consecuentemente, capaces de garantizar juicios verdaderos sobre el mundo externo. Asimismo, afirmaba que las sensaciones constituyen el primer criterio de verdad. A partir de éstas, se realizan inferencias que resultan también creencias confiables sobre el mundo exterior. En el mismo sentido, las pasiones (*páthē*) —placer y dolor— otorgan una información fiable acerca de lo que se elige y lo que se rechaza.

---

54 Cf. *DL*, II, 86b-90. Laks (2007:16-43).

55 Cf. Un debate se suscita en torno a si es adecuado calificar al hedonismo cirenaico de eudaimonista cf. *DL* II, 88. Cf. Irwin (1991:55-82); Tsouna (1998:134-135) y (2002:464-489); O'Keefe (2002b:395-416); Warren (2001:135-179).

56 Cf. Warren (2013:127-145) y (2001:135-179).

57 Cf. *DL*, II, 90.

Podemos entonces señalar que ambas escuelas hedonistas otorgan valor a la impresión sensorial, a la experiencia de placer y dolor, y a la opinión sobre lo que los sentidos pueden revelarnos de los objetos externos. Sin embargo, sus perspectivas epistémicas difieren fundamentalmente. La diferencia se establece, por un lado, en que Epicuro y sus discípulos consideraban que los dos primeros tópicos constituyen criterios de verdad, y por otro, en la desconfianza que profesaban a la falibilidad de la opinión, porque los juicios erróneos llevan a los hombres a los máximos dolores. Los cirenaicos, por el contrario, lograron amalgamar los tres tópicos; la restricción más importante que enunciaban era que ninguno de ellos podía legitimar, de manera absoluta, ninguna verdad universal sobre el mundo externo, ya que toda verdad sobre el mundo externo es exclusiva del sujeto que percibe y es afectado. Este es capaz de describir y explicar los fenómenos, pero nunca puede universalizar aquello que enuncia ni extender por la vía de la inferencia ningún tipo de conocimiento.

Si retomamos el problema planteado al comienzo de este título, aun cuando no se cuenta con testimonios para saber hasta qué punto el debate precedente sobre el hedonismo influyó en Epicuro, sí podemos afirmar que, sin duda, conoció los textos platónicos y aristotélicos.[58] Es probable, también, que tuviese noticias de los textos éticos de Demócrito. Pero no discutió con ellos; el problema principal para Epicuro era, justamente, el de la determinación de la naturaleza del placer, y fue esto lo que lo llevó a refutar la idea cirenaica de que los placeres son sólo un instrumento para la vida buena y que es aconsejable por lo tanto acumular el máximo de placeres episódicos y variables. La distinción epicúrea entre placeres cinéticos y *katastemáticos* no sólo abonó el rechazo de los postulados de la escuela cirenaica, sino que sirvió de impulso al filósofo de Samos para afinar sus argumentos en relación con la determinación del placer como fin de la vida humana.

Aún cuando la clasificación de los placeres no fue mencionada explícitamente por Epicuro ni en la *Epístola a Meneceo* ni en las *Máximas Capitales*, tampoco hay dudas razonables para desestimar su autenticidad. Un discípulo de Epicuro, Metrodoro, en su

---

58 Cf. Platón, *Gorgias* 493 e y ss.; Aristóteles, *EN*, VII, 12. Cf. Warren (2006b:235-259) y Bravo (2009:95-148).

Timócrates, distinguió entre placer cinético y *katastemático*, como lo atestigua Diógenes Laercio, X, 136. Por otra parte, en su propuesta interpretativa, Nikolsky[59] toma un pasaje referenciado por Cicerón en *Tusculanas*, III, 41, y por Ateneo en los *Deipnosofistas*; en dicho pasaje, Epicuro afirma que no puede considerar el bien sin los placeres cinéticos como el placer de comer, de beber, del sexo y el de los sentidos. A partir de estos enunciados, el intérprete concluye que, para Epicuro, sólo se puede afirmar la existencia de placeres cinéticos. Pero, desde nuestro punto de vista, se trataría, en todo caso, de deseos naturales y necesarios que acompañan la realización de una vida buena.

Con el fin de aclarar la relación entre los placeres cinéticos y *katastemáticos* pasemos a considerar ahora la secuencia argumental propuesta por Cicerón a través de Torcuato, portavoz del epicureísmo en el Libro I de *De Finibus*.[60] Torcuato comienza por afirmar que los hombres, al momento de ser liberados del dolor, gozan de una libertad efectiva, porque es ausencia de una angustia. En tal sentido, todo gozo se encuentra en el placer con igual intensidad que todo lo que nos aflige y produce dolor; y así, la eliminación completa del dolor se llama placer. Es por ello que Epicuro afirmaba que no hay un estado intermedio entre el placer y dolor; y que el hombre que es consciente de la manera en la que es afectado, sabe que lo es necesariamente mediante el placer o el dolor. Por último, Epicuro no solo piensa que el mayor placer consiste en la ausencia de todo dolor, sino que sostiene que esta experiencia puede ser variada y diferenciada, pero nunca aumentada.[61]

En primer lugar, habría que enmarcar estos argumentos en el discurso de Torcuato, quien declara que es necesario determinar la naturaleza del placer porque es el fin de la vida buena para la ética epicúrea. Pero, fundamentalmente, hay que subrayar —en acuerdo con la interpretación de Warren— el carácter inferencial de la serie marcado por el uso de los términos *nam quoniam*. Por otra parte, para Epicuro, el placer consiste únicamente en la ausencia de dolor, y por lo tanto, nunca podría sostener —como lo hacen

---

59 Cf. Nikolsky (2001:440-465).

60 Cf. Cic., *De Fin.*, I, 37-38. Cf. Striker (1996:198); Warren (2015:41-76).

61 Cf. Cic., *De Fin.*, I, 37: *Nam quoniam cum privatur dolore, ipsa liberatione et vacuitate omnis molestiae gaudemus mone autm id, quo gaudemus, voluptas est, tu omne, quo offendimur dolor doloris omnis privatio recee nominata est voluptas.*

los cirenaicos y la mayor parte de otros pensadores— la existencia de un estado intermedio en el cual no se sienta ni placer ni dolor. Para Epicuro, recordémoslo una vez más, el placer es ausencia de dolor en el cuerpo (*aponía*) y de turbación en el alma (*ataraxía*).[62]

Las tesis referidas a la distinción entre placeres cinéticos y *katastemáticos* con las que se inicia este pasaje que hemos analizado no resultan ni extrañas ni tampoco ilógicas, como pretende Cicerón a lo largo del Libro II. Tal vez lo más complicado de sostener sea el concepto de *liberatio*, que puede designar tanto el estado que se sucede a la supresión del dolor como el proceso que lo hace efectivo. Pero también este problema se resuelve si se sigue atentamente, en la *Epístola a Meneceo*, el desarrollo argumental presentado en los parágrafos §131-§132.

> Los alimentos simples conllevan un placer igual al de una dieta suntuosa, una vez que se ha suprimido el dolor [que provoca] la necesidad; (131) y el pan de cebada y el agua proporcionan el mayor de los placeres cuando aquellos que los gustan los necesitan. Por lo tanto, el hábito de dietas simples y no suntuosas es adecuado para satisfacer la salud, vuelve al hombre activo de cara a las necesidades de la vida de todos los días, también refuerza nuestro carácter cuando de tiempo en tiempo nos encontramos en presencia de cosas suntuosas, y hace que no temamos ante los cambios de la fortuna. Entonces, cuando decimos que el placer es el fin, no hablamos de los placeres de los disolutos ni de los que se revuelcan en los excesos, como creen algunos que ignoran o no están de acuerdo o que interpretan mal nuestra doctrina, sino que hablamos de la ausencia de dolor para el cuerpo y de la ausencia de turbación en el alma.
>
> (132) Pues eso que hace agradable la vida no son ni las bebidas ni los banquetes continuos, ni el sexo con muchachos y mujeres, ni los pescados y todos los otros manjares de una mesa suntuosa, sino el razonamiento sobrio que investiga las causas de toda elección y de todo rechazo, y expulsa las opiniones que provocan en las almas la mayor turbación.

El párrafo es esclarecedor respecto de la argumentación que Epicuro propone. En su pensamiento, el placer es en sí ausencia

62 Cf. Warren (2007a:125-127).

de dolor, y la ausencia de dolor en un ser humano es, para nuestro filósofo, el más grande placer posible. Además, el placer que propone como fin no se identifica con el de los disolutos, sino que es aquel que se manifiesta como ausencia de dolor en el cuerpo (*aponía*) y de turbación en el alma (*ataraxía*).

Por otra parte, aunque se podría pensar que rechaza los placeres cinéticos en favor de los placeres *katastemáticos*,[63] los placeres cinéticos no se encuentran negados por Epicuro, ya que considera que los seres humanos también necesitan de ellos. El argumento de la cuna lo atestigua, pues al hallarse los hombres sometidos a los rigores del tiempo y de la naturaleza de la que forman parte, buscan placeres inmediatos para huir del dolor.[64] Striker señala, en referencia a los aludidos parágrafos de la *Epístola a Meneceo*, que este contraste entre placeres cinéticos y *katastemáticos* no debería persuadirnos de catalogarlos como diferentes tipos de placeres, sino que se trata de concepciones divergentes de lo que se considera el placer mayor. Es decir, los disolutos también buscan ser liberados del dolor, pero siguen un rumbo equivocado, pues su idea de en qué consiste el placer adecuado es errónea.[65]

Ahora bien, puesto que todo placer es definido como ausencia de dolor (*ataraxía*), queda por determinar la característica propia que distingue a los placeres *katastemáticos*, los cuales, en tanto estables, son los que mejor podrían considerarse como el fin (*télos*) de la vida buena. No obstante, si se adhiere a una distinción según la cual los placeres cinéticos se asocian a los procesos de movimiento y satisfacción de una falta o deseo, mientras que los placeres *katastemáticos* serían los de la suavidad y el alivio —asociados de forma más directa, dentro de la doctrina epicúrea, a la eliminación final del dolor—, se tiene, igualmente, la impresión de que una clasificación semejante no resultaba necesaria.

La lectura atenta del problema que implicaba una división de ese orden entre los placeres, efectuada por Cicerón en la Antigüedad, obligó a los epicúreos a resolver el dilema que parecía suponer.[66] Según Cicerón, o bien el hedonismo se identifica con

---

63 Cf. *MC* III; *MC* XVIII.

64 Cf. *SV* 33; cf. Cic., *De Fin*., II, 96.

65 Cf. Striker (1996:205).

66 Cf. Cic., *De Fin*., II, 16-21.

el valor positivo de los episodios de "alegría" y de la experiencia sensorial, o bien, como ha sostenido Jerónimo de Rodas, el verdadero valor del placer se halla en un estado de *vacuitas doloris* (no-dolor).[67] Y este es el contrasentido al que, a juicio de Arpinate, queda expuesto el hedonismo epicúreo al combinar el placer como fin último con el estado de salida del dolor.

Striker, acertadamente, propone profundizar el análisis de esta división. Es decir, comprender los términos técnicos en que se basa dicha formulación y distinguir entre los procesos de placer y los estados duraderos. En su perspectiva, la distinción radicaría en que los procesos de placer disfrutan de un objeto, en tanto que los estados de ausencia de dolor en el cuerpo y de perturbación en el alma no refieren a ningún objeto en particular. Asimismo, señala que, más allá de que los estados de tranquilidad y no turbación resulten extraños para ser considerados placeres, se le podría conceder a Epicuro la posibilidad de que el hedonismo integre a éstos para que se tenga una vida agradable. Su intento consistiría, por tanto, en ampliar el uso del concepto de placer que, de este modo, cubriría no sólo los eventos o episodios placenteros, sino el estado duradero de no perturbación del cuerpo (*aponía*) ni del alma (*ataraxía*).[68]

La crítica filosófica se ha extendido en consideraciones acerca de este problema de la clasificación de los placeres, ya que no queda del todo clara la prioridad que, en la filosofía epicúrea, adquieren los placeres en reposo frente a los cinéticos —respecto de los cuales, ya el mismo Epicuro había polemizado con los cirenaicos, denegándoles un valor ético—. En tal sentido, se exponen brevemente, a continuación, los principales argumentos esgrimidos por los especialistas en torno a esta cuestión.

Para Brochard[69] el placer cinético no difiere del placer en reposo debido a que Epicuro habría adoptado el modelo aristotélico; desde esta perspectiva, el placer en movimiento constituye el primer grado necesario para arribar a un rango más alto, representado por el placer *katastemático*. Bignone también argumentó a favor del placer *katastemático*; su punto de vista se fundaba en proponer que los placeres en movimiento y los placeres en reposo eran expre-

---

67 Cf. Cic., *De Fin.*, II, 8-9; Dalfino (1993:277-303).

68 Cf. Striker (1996:206-208).

69 Cf. Brochard (1966:272).

sión de la lucha entre el placer y el dolor; en tal sentido, cuando, finalmente, el placer en reposo se imponía, abarcaba necesariamente dentro de sí al placer cinético.[70] En esta línea, Bailey hacía prevalecer un criterio temporal para resolver la diferencia entre ambos placeres; según su análisis, el proceso se inicia con el placer en movimiento, pero una vez que se ha dado la completud de este proceso, emerge el segundo tipo de placer, que es el *katastemático*.[71]

Con una nueva clave de comprensión, Diano, para determinar la relación entre los placeres cinéticos y *katastemáticos*, se valió del concepto epicúreo de variaciones (*poikílmata*).[72] Es el carácter de movimiento violento (*traxe̱ía kíne̱sis*)[73] del dolor lo que hace que, tras cesar este, de lugar al advenimiento del placer *katastemático*. Ahora bien, ¿por qué no acontecería con la supresión del dolor el placer cinético? La respuesta que ofrece Diano es que Epicuro define el placer cinético como un movimiento agradable y dulce (*leía kaì prose̱nè̱s kíne̱sis*), por lo tanto, un placer de movimiento ligero nunca podría vencer al dolor que contiene en sí un movimiento violento. Diano se apoya en la afirmación de que los placeres cinéticos son variaciones no necesarias (*poikilmoí anankaîoi*), según lo testimonia Cicerón; para que aparezcan es necesario que el dolor haya sido previamente eliminado y que se establezca el equilibrio (*eustátheia*).[74]

Brunschwig, para abordar el problema causado por esta distinción, retomó el criterio de la gradualidad en relación con el tratamiento que ya le había dado al argumento de la cuna. Recuerda que Epicuro no fue preciso en determinar si la conducta del niño se debe a una búsqueda gradual de placer, la cual se daría de forma espontánea, o si el inicio de esa búsqueda requiere de una primera experiencia placentera.[75] Aun cuando no se ocupó de clarificar dicho punto, Epicuro caracterizó a los placeres cinéticos

---

70 Cf. Bignone (1973:217).

71 Cf. Bailey (1928:491).

72 Cf. Diano (1974:37-39).

73 Cf. *DL*, II, 86.

74 Cf. Cic., *De Fin.*, II, 75.

75 Cf. Sexto Empírico *M XI*, 96: "suelen aducir que el ser vivo evita el dolor y busca el placer naturalmente y sin que se lo enseñen (*physikós kaì adidaktôs*), por lo tanto, cuando nace y aún no es esclavo de las opiniones, llora y grita tan pronto como lo afecta el insólito frío del aire. Pero, si se inclina naturalmente por el placer y siente aversión al dolor, el dolor es algo que evita naturalmente y el placer [resulta] algo deseable", citado por Brunschwig (1993:131).

como aquellos a los que los niños tienden naturalmente, en lugar de los *katastemáticos*. En tal sentido, Brunschwig detecta la fuerte contradicción en la que incurre el maestro del Jardín al hacer uso del argumento de la cuna para fundamentar la prioridad de los placeres *katastemáticos* sobre los cinéticos, pues, de este modo, queda invalidada la afirmación acerca de que los niños y animales constituyen un modelo de relación con el placer para los adultos.[76]

Long y Sedley, por su parte, retoman, con el objeto de ocuparse de la problemática distinción, la cuestión del tiempo. El análisis que proponen se centra en las *Máximas Capitales* VIII, IX y X, y defiende que, para Epicuro, sólo puede admitirse como razonamiento válido la subordinación del placer cinético al *katastemático*. Según esta lectura, la afirmación de Epicuro acerca de que el lugar y el tiempo físico de un placer se encuentran condensados llevaría a concluir que todos los placeres son idénticos, por lo cual la distinción entre placeres cinéticos y *katastemáticos* quedaría invalidada. Pero sucede que Epicuro no acepta la homogeneidad de los placeres, y no solo sostiene la distinción, sino que subordina los placeres cinéticos —indispensables para la vida buena— a los placeres *katastemáticos*. Estos últimos no aumentan la felicidad, que no va más allá de la ausencia de dolor, pero evitan que el dolor interrumpa el placer.[77]

Una serie de autores defienden que la caracterización del placer ofrecida por Epicuro se asienta, fundamentalmente, en su física. Es el caso, por ejemplo, de Glidden, para quien la diferenciación de dos tipos de placeres en Epicuro es explicada en función de los movimientos atómicos convenientes al interior del cuerpo,[78] en oposición a los argumentos que postulan la adquisición de una consciencia introspectiva. Al respecto, concluye que el placer cinético y el *katastemático* son dos géneros de estados que no se originan en un acto intencional, puesto que se trata únicamente de acontecimientos atómicos agradables.[79] Gosling y Taylor interpretan que no se debe fundar la división de los placeres en una distinción entre procesos o estados, sino en una distinción entre

---

76 Cf. Brunschwig (1993:128-133).

77 Cf. Long y Sedley (2001:247-253).

78 Cf. Glidden (1980:184).

79 Cf. Glidden (1980:189).

tipos de afecciones; a su juicio, la restauración del cuerpo se produce luego de pasado el dolor o de satisfecho el deseo, y de ello se sigue la posibilidad de alcanzar luego el estado de no perturbación —bajo sus dos modalidades, *ataraxía* y *aponía*, identificadas con los placeres *katastemáticos*—.[80] Así, tal división de placeres sólo puede comprenderse, para estos autores, en virtud de la restauración de funciones del organismo viviente.[81]

Conviene, antes de finalizar, reseñar brevemente una serie de posiciones que han adoptado puntos de vista extremadamente singulares. Para Mitsis, por ejemplo, los placeres cinéticos pueden distinguirse de los *katastemáticos* por el hecho de que no forman parte de aquello que Epicuro definía como el bien último. Es decir, aunque los seres humanos gozan de los placeres cinéticos, no se podría, sin embargo, asignarles ningún valor racional y, además, no agregan nada a la completud propia de los placeres *katastématicos* ni al estado agradable global que ellos producen.[82] Annas, de otra parte, interpreta que la división epicúrea se sostiene en que los placeres cinéticos están en movimiento. En efecto, alguien experimenta placer al dejar la necesidad o la carencia en la que antes se encontraba; el placer *katastemático*, en cambio, es estático, lo cual significa que se encuentra en estado natural sin necesidad de que medie transición alguna.[83] Por último, la tesis defendida por Bollack asevera que el placer *katastemático* no se identifica con la ausencia de dolor en sí, sino que requiere de una apropiación de ese estado mediante el pensamiento. La razón tiene la capacidad de reflexionar sobre la ausencia de dolor, por eso el estado placentero surge de una evaluación de las opiniones.[84]

La complejidad y riqueza de los enfoques críticos que ha suscitado no solo permiten apreciar la importancia de este tema, sino que dejan constancia del combate, serio y persistente, que Epicuro mantuvo con los cirenaicos, para quienes, como ya se ha analizado, el placer consiste en una sucesión de satisfacciones.[85]

---

80 Cf. Gosling y Taylor (1982:371).

81 Cf. Gosling y Taylor (1982:361-362).

82 Cf. Mitsis (2015:86-92).

83 Cf. Annas (1993b:188).

84 Cf. Bollack (1975:54-55; 115; 128).

85 Cf. Platón, *Gorgias* 493 a, ridiculiza esta posición de búsqueda incesante del placer y utiliza una imagen, que será repuesta, también, por Lucrecio *DRN*, VI, 1-28: la jarra agujereada.

En tal sentido, estimamos que, tras haber ofrecido una muestra adecuada de las diversas y contradictorias interpretaciones que ha despertado este dificultoso aspecto del hedonismo epicúreo, nos hallamos en condiciones de presentar nuestro punto de vista. La distinción epicúrea entre placeres cinéticos y *katastemáticos* se clarifica, a nuestro juicio, mediante una cuidadosa descripción del modo en que se originan estos placeres y de los términos que se consideran más adecuados para nombrarlos, sea como placeres cinéticos o como *katastemáticos*. Para ello, se requiere, asimismo, aplicar el método de inferencia al que ya hemos aludido, y al cual Sedley señaló como el fundamento de la ética epicúrea. Vale recordar como, en coincidencia con esta tesis, Asmis ha demostrado que la epistemología epicúrea propone que los sentidos, percepciones y conceptos son criterios que atestiguan la verdad de las creencias, además de constituir una auténtica metodología, la cual no consiste en otra cosa que en diversos modos de inferencia.[86]

Se puede concluir, entonces, que desde las sensaciones se llega a los conceptos y pensamientos (*epínnoia*), ya sea por confrontación, analogía, similitud o combinación. Este método de inferencia permite verificar y validar las opiniones al hacer que las representaciones de las cosas queden legitimadas para quien las conoce, aunque no sean inmediatamente perceptibles por los sentidos. Pero, de forma especial —y los epicúreos eran proclives a ello—, brinda un verdadero aparato terminológico orientado a distinguir claramente un concepto de otro; en definitiva, capaz de designar con precisión la variedad de ideas y nociones. Epicuro introduce la noción de placer *katastemático*, luego de haber descripto cómo funcionan los placeres cinéticos, con el fin de demostrar que la felicidad (*eudaimonía*) puede ser el mismo placer que se estabiliza y hace a la vida agradable en todo momento, aunque haya también episodios o eventos de gozo y alegría. Así fue como Epicuro logró que su hedonismo ingresara al marco de comprensión de la ética griega; es decir, no se debió únicamente a los problemas que abordó sino también a los conceptos que elaboró para responder a ellos.

86 Cf. Asmis (1984:61-80).

Capítulo IV

La ética

1. La ética epicúrea, una filosofía del límite

Una noción central para la ética epicúrea es la de límite. Con el objeto de lograr una intelección adecuada de ella, nos referiremos a la tesis de Phillip De Lacy, según la cual Epicuro quedaba atrapado en una paradoja en tanto exigía normas estables para el conocimiento y para la ética, pero, a la vez, destruía todos los medios tradicionales que permitían alcanzar este fin.[1] Se enfrentaba, pues, con el problema de descubrir nuevos puntos estables ante un mundo que siempre se le manifestaba móvil y cambiante, y de allí que la tensión entre variación y límite se encuentre en un buen número de sus fragmentos.

Desde un punto de vista terminológico, límite (*péras*[2]; *hóros*[3]) era de uso habitual entre los epicúreos. Esta lectura de De Lacy queda atestiguada de forma especial en la *Epístola a Meneceo* §133, donde Epicuro retrata al sabio y declara:

> Pues, ¿a quién estimas que sea superior a quien sobre los dioses tiene opiniones piadosas, que, acerca de la muerte, está en todo momento sin temor, que ha tomado en consideración el fin de la naturaleza, haciéndose cargo, por una parte, de que el límite de los bienes es fácil de satisfacer y de lograr, y, por otra parte, que el de los males, o es breve en tiempo o en sufrimiento? Que se <burla> de aquello que algunos introducen como déspota de todo, <el destino>, diciendo él que algunas cosas surgen de la <necesi-

1 Cf. De Lacy (2003:199-216).

2 Cf. *MC* X; *MC* XVIII; *MC* XIX; *MC* XX; *MC* XXI; *Ep. Her*, §41 y §59.

3 Cf. *MC* III; *MC* XI.

dad>, otras del azar, y otras de nosotros mismos, pues ve que la necesidad es irresponsable, que el azar es inestable, mientras que lo que de nosotros depende no tiene otro amo.[4]

La pregunta de Epicuro es crucial para su discípulo, Meneceo, quien debe recordar el modelo ético que ha elegido. La propuesta epicúrea es que todo hombre descubra el fin de la naturaleza (*tò tê̱s phýseo̱s télos*). Es decir, saber que las cosas buenas (*tò tó̱n agathón péras*) tienen un límite al igual que las malas. Además, y fundamentalmente, le interesa que el hombre aprecie la doctrina epicúrea del *tetraphármakos*.[5] Por ella, el sabio no se encuentra turbado ante las opiniones piadosas sobre los dioses, ni ante la muerte. En verdad, ha comprendido que el fin de la naturaleza (*tò tê̱s phýseo̱s télos)* es fácil de obtener, y que el mal es breve en su tiempo. Si se asume este punto de vista, el límite se manifiesta tanto para el placer —ya que no puede acrecentarse ni diversificarse— como para el mal, que no tiene razón para prolongarse.[6]

Puesto que los términos *péras, hóros y télos* aparecen con el mismo sentido en diversas *Máximas Capitales* —como la III, X y XI—, se puede afirmar que, para Epicuro, procurar el placer y evitar el dolor es el fin natural y acorde a la vida humana, aunque también aclara que existe una medida para esta búsqueda.[7] Se trata del razonamiento sobrio sobre el placer y su límite, que se aprende a condición de poner en práctica un saber prudencial acerca de los deseos. Por ello, la división de los deseos se encuentra precedida por un extenso pasaje dedicado a argumentar sobre el sentido del límite de los placeres y los dolores.

Epicuro propone una división de los deseos a partir de una descripción de la vida del hombre. Este, a lo largo de su vida, desarrolla deseos naturales y otros vacíos; dentro de los naturales, algunos pueden ser naturales y necesarios *(anankaîai),* y otros, sólo son naturales *(physikaì mónon)*. A su vez, entre los naturales y necesarios, distingue aquellos que lo son para la felicidad (*pròs eudaimonían*) de los que lo son para la ausencia de malestar en el

---

4 Cf. Epicuro, *Acerca de la Naturaleza*, 34, 21-22.

5 Cf. *MC* I; *MC* II; *MC* III; *MC* IV; *MC* XX; Filodemo, *Papirum Herculanum*, 1005, col. IV, 10-14, *Contra los sofistas,* IV, 7-14.

6 Cf. *Ep. Her,* §81.

7 Cf. *MC* III; *MC* X; *MC* XI. Cf. Diógenes de Enoanda, *fr.* 28, col.7, 4-7 Morel.

cuerpo (*pròs tèn toû sómatos aokhlesían*), y de los que son necesarios para la vida misma (*pròs autò tò zē̂n*).[8]

Como se puede apreciar, en esta última división es donde se muestra toda la originalidad de la filosofía epicúrea, porque estas tres especies de bienes serán las que determinen el carácter de la vida buena. Por consiguiente, los placeres naturales y necesarios para la vida son aquellos sin los cuales no se puede vivir; por ejemplo, la necesidad de alimento, de bebida o de vestido. Los naturales y necesarios para el bienestar del cuerpo, en cambio, son los que afectan a este en su conjunto; por ejemplo, no sentir dolor. Finalmente, los deseos naturales y necesarios para la felicidad del alma son aquellos que aseguran su equilibrio —por ejemplo, no sentir temor—, y se muestran en sintonía con la filosofía y la amistad. Por la sistematicidad de la filosofía epicúrea —propiedad a la que ya hicimos referencia—, naturaleza y ética presentan un isomorfismo en su modo de operar. En tal sentido, el límite (*péras; hóros*) de la naturaleza consiente la variación (*parallaaí; poikílmata*), pero siempre dentro de un marco determinado;[9] también la ética admite la variación, su límite preciso se encuentra en los deseos naturales y necesarios.

En la *Máxima Capital* XXIX, por otra parte, Epicuro expone que, además de los deseos naturales y necesarios (*physikaì kaì anankaîai*), hay otro tipo de deseos, los naturales y no necesarios (*physikaì kaì oùk anankaîai*)—; y aun otro tipo más, el de aquellos que no son ni naturales ni necesarios, dado que nacen de la opinión vacía (*pará kenḗn dóxan*). El escoliasta explica que, en esta división, los deseos naturales y necesarios son aquellos que se manifiestan en el cuerpo provocados por la necesidad orgánica; y los llama los deseos de la vida misma (*anankaía pròs autò tò zē̂n*) —en referencia, por ejemplo, al comer y el beber—.[10] En la reflexión epicúrea, los deseos necesarios para el bien del cuerpo (*aokhlesía toû sṓmatos*) se prolongan en la necesidad de aplicar medios técnicos.[11] Al respecto, los *Scholia ad Dionysium Thracem*, definen el arte (*tékhnē*) desde la perspectiva de los epicúreos como el método que pro-

8 Cf. *Ep. Men*, §127, 8 - §128, 1; *MC* 29, *SV* 21, Porfirio, *A Marcela*, 28 = Us.476.

9 Cf. *Ep. Her*, §55 y § 63; *Ep. Pít.*, §98; Filodemo, *De Signis*, col. 23-24.

10 Cf. *MC* XXVI; *MC* XXIX; *MC* XXX; *SV* 20; Lucrecio, *DRN*, IV, 860-871.

11 Cf. Séneca, *Ep.* 92, 6 = Us.412.

duce la utilidad para la vida de los hombres (*tékhnḗ estí méthodos evergoûsa tô bíoi tò symphéron*). Es decir, el arte (*tékhnḗ*) se explica por cierta imperfección de la *phýsis* que requiere de él para que los hombres logren una mejor adaptación a las circunstancias de la vida;[12] en consecuencia, ellos adoptan el arte no porque este posea algún valor en sí mismo, sino en razón del provecho y la utilidad que deja.[13] Algo semejante ocurre con la virtud (*aretḗ*); esta tampoco es elegida a causa de un valor que poseería en sí, sino por el placer que, finalmente, aporta. Queda demostrado, pues, que, para los epicúreos, los deseos naturales y necesarios, una vez saciados, traen la tranquilidad del cuerpo; sin embargo, ello no debe interpretarse como un regreso al primitivismo o al ideal de una naturaleza no intervenida por las acciones de los hombres. Desde el punto de vista de Conche, dentro de los deseos naturales y necesarios habría que situar, igualmente, a los deseos de la felicidad (*eudaimonía*), que comprenden el deseo de filosofar y el deseo de practicar la amistad (*philía*).[14] Fraisse, por su parte, se muestra dudoso ante esta clasificación, porque la amistad (*philía)* epicúrea no surge de una sociabilidad natural entre los hombres, sino que, por el contrario, se inicia a través de la mutua utilidad.[15]

Al tratar sobre el carácter natural de los deseos, Epicuro realiza aún otra serie de observaciones que también resulta de interés para comprender el funcionamiento del límite en su ética. Por ejemplo, entre los deseos naturales y no necesarios, se aboca a describir el deseo sexual y el deseo estético de la belleza. En cuanto al primero, este aparece en los fragmentos, alternativamente, entre las buenas cosas —por las buenas sensopercepciones que aporta— y entre las cosas que no resultan aprovechables para la vida buena.[16] Los deseos estéticos, por su parte, enfrentan el problema de no ser tan evidentes, y de allí la dificultad de afirmarlos como naturales; sumado a ello, no debe olvidarse que Epicuro impugnaba la poesía, puesto que, dado que podía engañar mediante el mito, era capaz de engendrar —según él— terrores presentados de

---

12 Cf. Lucrecio, *DRN* V, 196-199. Cf. Isnardi Parente (1969:263-271).

13 Cf. Cic., *De Fin.*, I, 13.

14 Cf. Conche (1987:65).

15 Cf. Fraisse (1974:295).

16 Cf. Ateneo, *Deipnosofistas* XII, 546 e = Us.67; *DL*, X, 118.

una forma agradable.[17] Una última consideración se refiere a los deseos vanos, los cuales tienen como propiedad el ser ilimitados; ello se funda en su carácter de deseos naturales que, no obstante, no reconocen el límite o exceden el orden de la necesidad; por ejemplo, los refinamientos de comida y vestido.[18]

Tras haber presentado el análisis de estos argumentos, es posible afirmar que la ética epicúrea requiere que el hombre, al elegir y perseguir los fines que se propone, conozca los límites y obre en consecuencia. En este sentido, resulta adecuado caracterizarla como una filosofía del saber del límite. Justamente, la incapacidad de los hombres de autodeterminarse y de elegir el límite en sus vidas los arroja a un camino que conduce directo hacia el dolor.[19] Pero esta delimitación de los deseos y su exacta regulación no es viable sin que medie el sobrio razonamiento, el cual determina que no se ha de temer a los dioses y que la muerte "nada es para nosotros".

Es oportuno subrayar, por último, que la clasificación de los deseos se establece por el uso del método analógico; es decir, se sigue un razonamiento que opera por semejanza. La analogía tiene dos momentos; el primero consiste en realizar una distinción; el segundo, en mostrar los vínculos que permanecen estables a través de las diferencias.[20] Se parte de aquello que los deseos tienen en común y luego se los especifica en relación con el par conceptual de lo limitado-ilimitado; fundamentalmente, mediante la relación que los deseos mantienen con lo natural y lo vacío.

Se puede concluir, entonces, que —aun cuando los deseos no naturales ni necesarios se caracterizan por carecer de fundamento y ser puramente vacíos (*kenaí*)— los deseos en general son estados afectivos inmediatos,.[21] Así, en el *De Finibus*, Torcuato explica esta tesis de Epicuro al declarar que:

---

17 Cf. Sexto Empírico, *Contra los matemáticos*, VI, 27 = Us.163 y Us.229; cf. Cic., *Disp. Tusc.*, III, XVIII, 41; Lucrecio, *DRN*, V, 1379-1433.

18 Cf. Lucrecio, *DRN*, V, 1416-1429; Cic., *Disp. Tusc.*, II, XVIII, 41.

19 Cf. *SV* 59; *SV* 63.

20 Cf. Filodemo, *De Signis*, 43, XXVI, 18-39: "Contra la objeción misma, diremos que es según el modo análogo que este procede a la inferencia, opera su transposición a partir de los fenómenos, haciendo la suma y las cualidades comunes y las particularidades de la mayoría de los seres presentando unos en relación con otros (…)".

21 Cf. *SV* 81; Cic., *Disp*, *Tusc.*, V, 94.

> Él estableció un primer grupo, aquel de los deseos naturales y necesarios; uno segundo, el de los deseos naturales pero no necesarios; un tercero, en fin, aquel de los deseos que no son ni naturales ni necesarios. Lo característico de tales deseos [consiste en que] los deseos necesarios se satisfacen sin mucha fatiga ni mucho gasto; tampoco los naturales [y no necesarios] exigen mucho, porque la naturaleza misma tiene dispuestas y limitadas las riquezas con las que se conforman; en cambio, para los deseos vanos es imposible hallar límite y medida.

Lo que nos interesa señalar de este pasaje es que los deseos naturales y necesarios, aunque no tienen prioridad absoluta, gozan de una ventaja: su facilidad para ser satisfechos y el hecho de que el límite mismo por el cual están determinados se halla dado por la naturaleza. En definitiva, es el placer el que ordena y orienta los deseos de los hombres; y en dicho orden, los deseos naturales y necesarios se caracterizan por servir a aquello que los hombres buscan, esto es, la ausencia de dolor físico y la tranquilidad del alma.

Con relación al tratamiento que da a los deseos, un particular valor de la filosofía epicúrea reside en que toma distancia de las filosofías sensualistas. A diferencia de estas, los medios para obtener el placer se evalúan en vistas a lograr la imperturbabilidad del alma (*ataraxía*) y el no dolor del cuerpo (*aponía*). Es por ello que, en el marco explicativo que postula Epicuro, se requiere de un estricto conocimiento de la *phýsis* a fin de revelar la inanidad de la muerte y los límites del deseo. Así pues, queda demostrado que el conocimiento metódico de la naturaleza garantiza la seguridad (*aspháleia*) para el hombre que se ha liberado de las opiniones vacías. Más aún, le permite vivir una vida de autarquía y autodeterminación porque ha reconocido los límites que le impone la naturaleza.[22]

2. La *phrónēsis* como síntesis entre virtud y placer

El concepto de justicia defendido por Epicuro no puede comprenderse sin una clara caracterización del tipo de hedonismo al cual suscribe su filosofía. No obstante, una vez que ha quedado

22 Cf. *MC* VI; *MC* XXXIX; *MC* XC.

establecido que el placer es el criterio por el cual se elije y se rechaza, resulta imprescindible indagar la función que cumplen las virtudes en la ética epicúrea. Al respecto, el maestro del Jardín afirma que:

> [es] por el cálculo (*symmétrēsis*) y la observación (*blépsis*) tanto de los provechos como de las desventajas que conviene juzgar todo esto. Pues en algunas circunstancias nos servimos de algo bueno como un mal, y, a la inversa, del mal como un bien.[23]

Este fragmento ha sido frecuentemente interpretado desde un punto de vista utilitario; en tal sentido, la dilucidación del "cálculo" conduce a afirmar que el placer epicúreo responde de modo excluyente a los intereses del individuo. Así, todo juicio sobre la acción se centraría en las consecuencias referidas al propio individuo, sin considerar los efectos que esta pueda tener en relación con otro ser humano.[24] Una lectura de la *SV* 71 en la dirección apuntada parece reforzar aun más esta perspectiva:

> A todos los deseos se le debe hacer esta pregunta, qué *me* ocurrirá si acaso se satisface lo perseguido conforme a ese deseo y qué *me* ocurrirá si no se lo satisface.[25]

Por nuestra parte, disentimos en referir la *symmétrēsis* al cálculo; en cambio, sostenemos que designa el acto de juzgar con un criterio; esto es, la acción de ponderar según la medida de comparación elegida.[26] Cabe indicar, no obstante, que no implica juzgar sobre la eficacia de la acción elegida respecto del futuro; y que tampoco debería interpretársela de un modo kantiano; es decir, en términos de una razón capaz de sustraer al hombre de sus pasiones. Este juicio comparativo no tiene el propósito de producir la especulación sobre los placeres elegibles, sino que afirma la capacidad de obrar según un saber de los límites que la naturaleza demanda.[27] Por eso, es coherente que Epicuro sostenga, en relación con la prudencia (*phrónēsis*), que:

---

23 Cf. *Ep Men*, §130.

24 Cf. Guyau (1878). Cf. García Gual y Acosta (1974).

25 El subrayado es nuestro.

26 Cf. Balaudé (1994:195).

27 Cf. *SV* 33.

El principio de todo esto y el mayor bien es la prudencia (*phróne̱sis*). Por eso, más preciada incluso que la filosofía resulta ser la prudencia; de ella surgen naturalmente todas las demás virtudes (*aretaí*), pues ella nos enseña (*didáskousa*) que no es posible vivir placenteramente (*he̱déo̱s*) sin [vivir] prudente, honesta y justamente, <ni [vivir de manera] prudente, honesta y justa> sin [vivir] placenteramente.[28]

En efecto, tal como se evidencia en este parágrafo, las virtudes son connaturales al vivir placentero, y a su vez, el vivir placentero resulta inseparable de ellas. Sin embargo, esta mutua implicación no significa la pérdida de sus identidades respectivas.[29] Por otra parte, el compendio de la doctrina de las virtudes atestigua la novedad del hedonismo epicúreo, ya que rechaza la turbación como forma del placer y promueve un ejercicio constante de las virtudes.[30]

Diógenes Laercio recoge un testimonio que resulta decisivo para ayudar a una comprensión íntegra de este aspecto de la ética epicúrea; en él se señala que es preciso: "elegir las virtudes por causa del placer y no por ellas mismas (*ou di' autás*), así como <buscamos> la medicina por causa de la salud".[31] La experiencia de una vida feliz para el hombre sólo se da por el placer, con lo que las virtudes son únicamente medios para su consecución. Al respecto, Plutarco aporta otro testimonio que refrenda el carácter instrumental asignado a las virtudes: "en la carta a Anaxarco escribió así Epicuro: yo exhorto a los placeres duraderos y no a las virtudes que traen esperanzas de fruto [que son] vacías y necias".[32] En definitiva, el argumento sostiene lo absurdo que resulta que, en nombre de la virtud, se difiera la experiencia del placer, el cual es un estado perfectamente natural y acorde al hombre. Así, el placer coincide con una vida sin turbación del alma ni dolor del cuerpo, pero sólo una vida virtuosa ayuda a lograrlo. Más allá de

---

28 Cf. *Ep. Men*, §132.

29 Para antecedentes de esta unidad de las virtudes Cf. Platón, *Gorgias* 507b8-c7; Aristóteles, *Tópicos*, 103 a 6; para comprender su diferencia Cf. Séneca, *Ep. a Lucio*, LXXXV, 18 = Us.508. Diógenes de Enoanda, *fr.* 26; Cic., *De Fin.*, II, 50.

30 Cf. *MC* V.

31 Cf. *DL*, X, 138. Sobre la instrumentalización de la virtud en general cf. Cic., *De Fin.*, I, 42-54.

32 Cf. Plutarco, *Contra Colotes*, 1117 a = Us.116.

esta ligazón entre el placer que sólo se da como virtud y la virtud que remite, necesariamente, al placer,[33] se puede pensar que cierto tinte pragmático y utilitario atraviesa desde un comienzo esta argumentación. En efecto, pareciera que el hombre actúa con virtud porque le resulta más beneficioso obrar de este modo que convertirse en un ser deshonesto, y por ello se comprende que la virtud sea útil e indisociable del placer.

No obstante, pasemos a considerar —en relación con este tema— el catálogo de virtudes que Epicuro —luego de haber tributado un gran elogio a la prudencia (*phrónēsis*)— deja establecido. En su pensamiento, como ya se adelantó, existe una virtud primera a partir de la cual se originan todas las demás (*ex hês hai loipaì pâsai pephýkasin aretaí*): la prudencia (*phrónēsis*).[34] Dicho vocablo no se registra en Homero —fuente insustituible del léxico de la lengua griega—, y tampoco el verbo que le concierne: *phroneîn*; en cambio, sí se encuentra el término *phrónis*, con significado intelectual y práctico, el cual se instala como marca propia del lexema *phrónēsis*. Sobre este tema decisivo de la ética griega, Aubenque ha mostrado el modo en que *phrónēsis* mantuvo, desde Homero hasta Aristóteles, una simultánea significación intelectual y práctica.[35] Mientras otros términos se especializaron, ya sea en el ámbito intelectivo o en el afectivo —por ejemplo, *noûs* y *thymós*—, *phrónēsis*, por el contrario, mantuvo su carácter de virtud ligada, fundamentalmente, a la acción humana y con una cierta superioridad sobre las otras virtudes.

Las virtudes establecidas como cardinales desde Platón fueron la sabiduría (*sophía*), la valentía (*andreía)*; la templanza (*sophrosýnē*) y la justicia (*díkaiosýnē*);[36] en relación con ellas, Epicuro retuvo ambas dimensiones de la tradición —la intelectual y la práctica—, pero, fundamentalmente, enfatizó la función de selección, cálculo y limitación de las virtudes —es decir, las consideraba como esta-

---

33 Cf. Cic., *De Fin.*, I, 43; Alejandro de Afrodisia, *De anima*, II, 22 = Us.515.

34 De toda la obra conservada de Epicuro, el *Glosarium Epicureum* de Usener señala el §132 y un hápax del adverbio *phrónimōs* (con prudencia) similar a *MC* V y en *MC* XXVII. No deja de resultar curioso que no se encuentre el adjetivo calificativo *phrónimos* (prudente).

35 Cf. Aubenque (1998:178-179).

36 Cf. Platón, *Rep.*, IV, 472e.

dos cognitivos—.[37] Así, el testimonio aportado por Cicerón no se hallaría en camino equivocado al traducir *phrónēsis* por *sapientia* entendida como arte o técnica de la vida.[38]

Ahora bien, interesa indagar las causas de la grandiosidad del elogio que Epicuro tributa a la *phrónēsis*. En primer lugar, la *phrónēsis* vale más que la filosofía misma. La secuencia argumental probable de esta contundente afirmación podría reconstruirse de la siguiente manera: si el estudio de la "ciencia de la naturaleza" beneficia a los hombres puesto que los libera de los terrores a los que se someten, entonces, la *phrónēsis* tendrá la misión de iniciarlos en la ciencia de una buena vida. Por esto es que el estudio de las virtudes en general, y de la *phrónēsis* en particular, se encuentra en el corazón mismo de la ética.

Por otra parte, más allá de ser una virtud, la *phrónēsis* es una capacidad que identifica o determina el carácter de quien la posee y la pone en obra. La tarea que tiene asignada en la economía de la vida ética es la de discernir aquello que se elige o rechaza en vista a la consecución del placer como fin de la vida. Pero no se trata de dirimir tal finalidad sólo en relación con el curso de una acción puntual; por el contrario, su "razonamiento sobrio" se centra en la totalidad de la vida (*ho hólos bíos*), por lo cual define, verdaderamente, al ser humano mismo.[39] La *phrónēsis* es, pues, la que pondera los medios por los cuales el hombre, siempre y en toda su vida, elige el máximo de placer, se aparta del dolor y se libera de los conocimientos inadecuados —en particular, en lo relativo al temor a la muerte y a los dioses—.

De sumo interés es el vínculo que se establece entre el buen juicio sobre la totalidad de la vida y el saber del límite que presentamos en el apartado anterior, ya que la *phrónēsis* es la virtud por excelencia en cuanto a reconocer que el placer y el dolor tienen un límite. Esta dimensión de saber que aporta la *phrónēsis* enseña un conocimiento recto sobre el significado de vivir placenteramente; y, en tanto saber práctico, muestra el modo más conveniente por el que se puede concretar una vida placentera y feliz, a condición de que esta se identifique con una vida virtuosa. Es así que para

37 Cf. Morel (2000a:394) considera que Epicuro sigue la convención en las virtudes que nombra; también cf. Sedley (1996:336-338).

38 Cf. Cic., *De Fin*., I, XIII, 42.

39 Cf. *MC* XXI.

Epicuro resulta imposible una vida placentera sin la *phrónēsis* entendida como sabiduría práctica que conduce a una vida bella y justa.[40] Ahora bien, la dimensión ética de la *phrónēsis* queda de manifiesto en la medida en que el hombre *phrónimos* interroga sobre las razones de la elección y el rechazo, y se sirve de esta acción para eliminar toda opinión falsa que le cause un desorden. Es por esto que la *phrónēsis* participa de la constitución del sí mismo, porque el hombre ha juzgado y deliberado sobre los medios para actuar; y la totalidad de esas acciones constituye, en suma, no sólo el sí mismo del hombre, sino que establece en él la conciencia de sí.[41]

La *phrónēsis* epicúrea es el principio de las otras virtudes, por lo cual nunca se encuentra condicionada por ellas. Esta es la razón por la que es superior a la filosofía misma.[42] Pero, más aun, la *phrónēsis* no se rinde ante las vicisitudes del azar, por lo cual Epicuro afirma que "considera preferible ser desafortunado razonando bien que afortunado razonando mal, pues lo mejor es que en las acciones lo bien juzgado prospere con su ayuda".[43]

Es decir que el azar no incide en el hombre que guía su obrar por la *phrónēsis*, justamente, porque toda su vida está regida por la constitución de una vida virtuosa.[44] Ante lo expuesto, Cicerón agrega un aspecto central de la *phrónēsis* para Epicuro, y afirma: "Y no basta con juzgar lo que se debe hacer o no hacer; es preciso, además, saber atenerse a lo que se ha juzgado (*sed stare etiam oportet in eo quod sit iudicatum*)".[45] Se demuestra entonces que la *phrónēsis* epicúrea es una actitud derivada de la conjunción entre lo teórico y lo práctico;[46] precisamente, aun cuando mira la totalidad de la vida, siempre aconseja ir tras el placer. Este buen discernimiento general también debe ser practicado en cada situación particular a la que el hombre se enfrenta.

Se presenta, así, otro aspecto relevante de la ética epicúrea, el relativo a la trasmisión de las enseñanzas. Epicuro considera la

40 Cf. Aubenque (1969:301).

41 Cf. Cic., *De Fin.*, I, 43.

42 Por contraste Epicuro también elogia la filosofía cf. *SV* 27 y *SV* 78.

43 Cf. *Ep. Men*, §135.

44 Cf. *MC* XVI.

45 Cf. Cic., *De Fin.*, I, 14, 47.

46 Cf. *DL*, X, 120 = Us.517.

importancia de la transmisión debido a la urgencia en la que se encuentran los hombres para adquirir la virtud; por esto es que la *Epístola a Meneceo* adopta la modalidad de una guía, y ello se manifiesta claramente en la utilización del modo imperativo:

> Lo que te he aconsejado continuamente, esas cosas, practícalas (*prâtte*) y medítalas (*meléta*), admitiendo que ellas son los elementos del buen vivir.[47]
> [...]
> Acostúmbrate (*synéthize*) a considerar que la muerte no es nada en relación con nosotros.
> [...]
> Estas cosas, pues, y las que les son afines, medítalas (*meléta*) noche y día dentro de ti...[48]

En la ponderación que Epicuro hace de los medios necesarios para adquirir la felicidad, señala que esta exige un mínimo de bienes materiales.[49] Pero, seguidamente, acota que estos bienes no morales en nada podrían favorecernos de modo fiable si esas condiciones mínimas no se sometiesen a la *phrónēsis*. En conexión con su división de los deseos, solo aquellos que son naturales y necesarios deberán ser satisfechos para tener una vida placentera y feliz.

A partir de todas las argumentaciones que hemos presentado en torno a este §132 de la *Epístola a Meneceo*, se comprende cabalmente el elogio que Epicuro tributa a la *phrónēsis*. Se podría sustentar, incluso, que su presentación de esta virtud es una auténtica síntesis de su ética, en la cual se afirma que vivir una vida en acuerdo con las virtudes depende absolutamente del hombre. En esta medida, su existencia ya no resulta vulnerable, sino que se afianza en el camino hacia la vida feliz a través de la *phrónēsis* como razonamiento sobre los límites. De allí que se requiera enseñar el ejercicio permanente de las virtudes; solo la constancia virtuosa, entendida como hábito o disposición (*héxis*) y guiada por el saber prudente encaminará al hombre a obtener una vida

47 Cf. *Ep. Men*, §123.

48 Cf. *Ep. Men*, §135.

49 Cf. *Ep. Men*, §132.

placentera.[50] Sin embargo, resulta importante advertir que no es suficiente para lograr una vida placentera el solo ejercicio de las virtudes.[51] La filosofía epicúrea sostiene que ellas no tienen valor por sí mismas; sólo lo adquieren cuando se referencian al placer en cuya consecución son capaces de mediar. Se alcanza a comprender, entonces, la razón por la cual Cleantes se reía de las virtudes epicúreas y las representaba como a siervas genuflexas y sumisas delante del trono real de la *Voluptas*.[52]

La defensa contra esta visión utilitaria de las virtudes epicúreas en el *De Finibus* es llevada adelante por Torcuato. Allí acusa a los estoicos de practicar una suerte de virtud tenebrosa que, en nombre de esa moralidad de sombras, no puede asegurar el placer. La lectura utilitaria en todos sus análisis enfatiza los aspectos individuales y egoístas de la filosofía epicúrea, tal como queda testimoniado por los fragmentos. De tal modo, en la ética epicúrea, la relación con el otro quedaría sin tematizar, y hasta se podría afirmar que permanece en una cierta ambigüedad. Sin embargo, es acertado recordar que, para el epicureísmo, toda acción humana tiene una realización que compromete, aunque más no sea como testigo, a otro. Por esto es que la *phrónēsis* tiene en cuenta, en la evaluación racional de una acción, a otros seres humanos a los que, potencialmente, podría comprometer. No obstante, el sabio no tiene vergüenza de los actos que lleva adelante en su vida ni tampoco requiere de testigos que lo adulen por lo que hace.[53] Al contrario, toda su vida puede ser examinada sin temor, porque lo que siempre ha buscado es que su obrar sea bello (*kalṓs*). En todo caso, sólo hay un testigo cuya mirada importa: es el Maestro.[54]

Por otra parte, Torcuato añade que la sabiduría, la templanza y la valentía son estrictamente egoístas, por cuanto se erigen en el único medio confiable de obtener placer. Ellas, como hijas legítimas de la *phrónēsis* detentan la capacidad de alcanzar el

---

50 Cf. Ateneo, XII, 547 a. Se observa que, aunque no aparece en los fragmentos de Epicuro una definición precisa, su noción de *phrónēsis* puede emparentarse con la aristotélica, que la concibe como virtud intelectual capaz de ver los medios orientados a un fin, el cual es necesariamente bueno. Cf. Aristóteles, *EN*, VI, 13.

51 Cf. Ateneo, *Deipnosofista*, XII = Us.70.

52 Cf. Cic., *De Fin.*, II, 69.

53 Cf. *SV* 81.

54 Cf. Séneca, *Ep.* 25, 5 = Us.211.

conocimiento del bien y del mal.[55] En consecuencia, la valentía, por ejemplo, al derivarse de un cálculo de ventajas personales, cumpliría casi la misma función que la *phrónēsis*; es decir, resulta apta para situar al hombre en un estado afectivo y cognitivo que lo libera del temor a la muerte y lo fortalece ante los dolores.[56] Cicerón, empero, critica, no sin ironía, el análisis epicúreo de la valentía; en verdad, este le resulta por completo discordante, ya que cierto cálculo de excesiva prudencia encubriría, según él, un interés personal.[57]

Sin embargo, no debe olvidarse que, dado el carácter del racionalismo epicúreo, la valentía exige del razonamiento sobrio (*néphōn logismós*). Más todavía, el hombre que posee la virtud de la valentía se distingue no por su temeridad, sino por haber calculado las consecuencias que se siguen de una acción. Solo el conocimiento de la naturaleza entendida como un todo conduce al hombre al placer como ausencia de dolor en el cuerpo y de turbación o ansiedad (*taraxḗ*) de su alma.[58] Epicuro muestra, de modo constante, la capacidad del hombre de controlar, mediante la razón, el proceso de desarrollo psicofísico individual y el auténtico progreso moral.[59] Además, sin negar que las virtudes en general, y la valentía en particular, puedan incluir condiciones afectivas —*páthē*—, el origen de las virtudes demanda un estado mental de conocimiento adecuado; así, las acciones virtuosas surgen en el agente a partir de este modo de razonar.

En tal marco, es evidente que —aunque no figura en los fragmentos de Epicuro— también procede asimilar la templanza (*sophrosýnē*) a la *phrónēsis*.[60] En efecto, Epicuro enseñaba que no todo placer es elegible; y en tal circunstancia no es posible apelar a otra cosa que al ejercicio de la templanza mediante un correcto juicio sobre qué elegir y qué rechazar. Otra fuente —nos referimos a la *Sentencia Vaticana 16*— testimonia con claridad el rechazo epicúreo a la intemperancia —que es siempre manifestación de la inseguridad—, y al respecto afirma:

---

55 Cf. Cic., *De Fin.*, I, 43; *De Fin.*, I, 50.

56 Cf. Cic., *De Fin.*, I, 49.

57 Cf. Cic., *De Fin.*, I, 60.

58 Cf. *MC* XII.

59 Cf. Epicuro, *Acerca de la Naturaleza*, XXV; cf. Masi (2006:158-161).

60 Cf. Cic., *De Off.*, III, 117.

> Nadie, cuando ve el mal, lo elige por él mismo, sino que queda cautivo de aquel, seducido como por un bien en relación con un mal aún mayor.

La sentencia podría reconstruirse a partir de la presentación de una serie de argumentos que nos revelan su carácter intelectualista así como el trasfondo de herencia socrática.[61] A saber, si un agente *A* cree que la acción *M* es mejor que la *T*, es posible que decida llevar a cabo *M*, y no llevar a cabo *T*. De ser así, el agente *A* no se dirige al mal, se dirige hacia lo que cree que es un bien, ya que no está en él dirigirse al mal en cambio de al bien. Sin embargo, a veces se encamina a un mal en vez de a un bien, pero esto ocurre porque se encuentra en un estado mental erróneo respecto de lo que es digno de actuar.

El análisis de esta sentencia muestra que, para Epicuro, los estados mentales comprometen el dominio práctico; porque cuando se está en un estado mental inadecuado, el agente no cree que se encuentre en el error. Sobre este punto de la discusión, Mitsis entiende que la inclinación a privilegiar los elementos cognitivos en el racionalismo epicúreo permitiría eliminar cualquier conflicto entre las virtudes, a diferencia de lo que sucedería si fuesen tomadas de manera individual.[62] Desde nuestra perspectiva, sin embargo, no basta considerar la unificación de las virtudes desde un punto de vista genealógico —es decir, a partir de su origen en la *phrónẹsis*—. Tan importante como esto es la unificación que logran mediante la razón, es decir, por la comprensión global y adecuada del bien al que ellas mismas conducen. No obstante, el conflicto persiste, debido al error y la ignorancia. Al respecto, el personaje ciceroniano del *De Finibus*, el epicúreo Torcuato, se pregunta: "¿por qué hemos de dudar en reconocer que también la sabiduría se debe buscar para conseguir el placer, como se debe huir de la ignorancia para evitar las molestias?".[63]

Ahora bien, resta aún por analizar la virtud de la justicia en su aspecto de virtud individual. Diógenes Laercio reportó que, dentro del catálogo de las trescientas obras escritas por Epicuro, figuraba una intitulada *Sobre la justicia y otras virtudes*; ello da a

61 Cf. Platón, *Protágoras*, 358b6-d4. Cf. Irwin (1986:85-112).

62 Cf. Mitsis (2015:121-123).

63 Cf. Cic., *De Fin.*, I, 46.

pensar que existía en el filósofo una preocupación por reflexionar sobre el modo en que una vida virtuosa podía aportar a la consecución de una vida buena y feliz.[64] Pero su argumentación no se detenía allí, pues lo que Epicuro se proponía demostrar era que la justicia, como virtud individual, se identifica con el placer aun cuando, según la creencia común, se halla principalmente destinada al beneficio de los otros.

En primer lugar, Epicuro identifica la virtud de la justicia con la *ataraxía*.[65] El fiel defensor del epicureísmo, Torcuato, se pronuncia en una dirección similar cuando advierte que la justicia está inexorablemente unida al placer, ya que esta virtud posee la propiedad de "tranquilizar" por su natural eficacia a quien la ostenta.[66] Por el contrario, la injusticia provoca la turbación del alma por su sola presencia.[67] Esta afirmación nos conduce a una sentencia de Orígenes de difícil interpretación que testimonia la importancia de la virtud de la justicia para epicúreos, estoicos y platónicos por igual. Al respecto, afirma el filósofo alejandrino que, para los epicúreos, es una virtud que depende del alma del hombre.[68] Aquí sostenemos, contra ciertas interpretaciones que postulan la división entre una justicia del alma —sostenida en la *Epístola a Meneceo*— y una justicia contractual —sustentada en las *Máximas Capitales*—, que, para Epicuro, se trata de la justicia sin más.[69]

Al leer atentamente la *Epístola a Meneceo*, §133, puede observarse como, tras postularse la unidad entre la condición psíquica del hombre, su sabiduría y su virtud, se espera que la conducta del sabio no sea fea (*aiskhrós*) sino bella (*kalòs*); esto es, se espera del sabio una conducta simple que testimonie la vivencia de la *ataraxía*. Desde la perspectiva epicúrea, la *ataraxía* significa la ausencia de turbaciones; y es la justicia la virtud encargada de eliminar las turbaciones que provienen de ideas erróneas, las cuales extravían al hombre por los caminos del deseo ilimitado. Pero, a su vez, la *ataraxía* designa un rasgo de carácter de una persona; en cuyo

64 Cf. *DL*, X, 28.

65 Cf. *MC* XVII; *SV* 64; *SV* 79; *SV* 81.

66 Cf. Cic., *De Fin.*, I, 50 y 53.

67 Cf. Cic., *De Fin.*, I, 50.

68 Cf. Orígenes, *Contra Celsum*, V, 47 = Us.518.

69 Cf. Mitsis (2015:121-123); Morel (2007b:175).

caso, le permite inmunizarse ante las influencias que interfieren en su tranquilidad.[70]

Tampoco la justicia, como no lo son las otras virtudes, es deseable *per se*, sino porque produce un placer. Así pues, no se trata de otra cosa que de seguir los deseos procedentes de la naturaleza, ya que son fáciles de conquistar. La virtud de la justicia asociada a la *ataraxía* ratifica, asimismo, el cambio del sentido de la filosofía que propone Epicuro; se la desplaza del eje de la contemplación para afirmarla como una actividad que extirpa las opiniones equivocadas y las sustituye por estados mentales verdaderos y adecuados. Se comprende, entonces, que la virtud individual de la justicia implique el vivir bien (*kalós*), y que la injusticia sea, en cambio, fruto de un agente que actúa siguiendo deseos erróneos derivados de falsas opiniones.

Ahora bien, ¿por qué se afirma que la *phrónēsis* es más valiosa que la filosofía? Porque, según la enseñanza epicúrea, la vida de un hombre sin *phrónēsis* ni belleza ni justicia —unidas como están las tres por naturaleza— no podría decirse que es feliz. Aun cuando la mera práctica de esas virtudes no asegura obtener la felicidad, se establece una unión indisoluble entre ellas y el placer. En consecuencia, difícilmente se podría vivir una vida de placer sin las virtudes, puesto que no hay virtudes sin placer.[71]

Pero una vida virtuosa no se realiza sin una comunidad de iguales que garantice el mutuo reconocimiento de los hombres; solo como partícipes de una comunidad humana los hombres se benefician con la justicia.

3. La *philía* epicúrea

La amistad (*philía*) ha sido desde siempre un objeto eminente de la reflexión filosófica; en particular, para la tradición cultural griega. La ética y, de un modo más problemático, la política examinaron su estatuto ontológico y sus implicaciones en el orden social. Sin embargo, el campo semántico del vocablo *philía* se simplifica y empobrece cuando es traducido por amistad.[72] Al menos, así lo

70 Cf. Striker (1996:186-187).

71 Cf. *MC* V; Diógenes de Enoanda, *fr.* 37 Morel; Cic., *De Fin.*, I, 18, 57.

72 Cf. Konstan (1997:1-23).

entendió Dugas, quien afirma que el alcance del término *philía* entre los antiguos corresponde al que posee la palabra *amor* en las actuales lenguas romance. "Expresiones como *el amor paterno, el amor filial*, en la lengua griega, se dicen *la amistad paterna, la amistad filial*. La *philía* comprende todos los afectos: el amor (*philía erotikḗ*), el amor del género humano (*philantropía*) y la amistad en sentido estricto (*philía hetairikḗ*)."[73]

Un uso frecuente en la lengua homérica aparece con el vocablo original *philótēs*, que significa "mi amado" o "mi querido". Formado a partir de *phílos*, se halla completamente asimilado al valor posesivo; y, a menudo, se presenta con el valor de adjetivo pronominal.[74] De este modo, enuncia la experiencia de la pertenencia y de la proximidad como formas naturales e inmediatas de la posesión; a la vez que designa una relación jurídica sancionada por una regla convencional del mundo homérico.[75] Por esta razón, Homero no nombra al amigo por medio de la palabra *phílos*, sino mediante el término *hetaîros*, que significa "el compañero del que se es inseparable". La transferencia del sentido de la *philía* desde el orden jurídico al orden ético y su introducción en el uso corriente de la lengua se dieron recién hacia finales del siglo V a.C. A partir de entonces, se estableció en los textos con una alta recurrencia.[76] Se ha de observar que la *philía* encierra en sí misma una tensión: la que se hace presente entre la naturaleza íntima de la relación amistosa y la posibilidad de pensar su proyección política.

Ahora bien, en los fragmentos de Epicuro sobre la *philía*, se visibiliza de manera especial el dilema del egoísmo en oposición al altruismo. En definitiva, el problema que se presenta es el de establecer las condiciones por las que se llegaría a una dimensión altruista, puesto que toda la ética epicúrea se encuentra centrada en el interés sobre el propio agente.

Para despejar este dilema, debe ponerse en perspectiva, en primer término, la serie de *Máximas Capitales* referidas a la *philía*. La afirmación y seguridad que el placer ofrece al hombre encuentra su contraparte negativa, obviamente, no sólo en el dolor, sino tam-

73 Cf. Dugas (1894:2).

74 Cf. *Il*, IX, 555; *Od*. XI, 211.

75 Cf. Glotz (1904:139).

76 Cf. Benveniste (1983:226).

bién en la sociedad. Sostiene Epicuro que, para mitigar el dolor que conlleva vivir junto a otros, el hombre se vale de falsos remedios, como la violencia, el engaño y la mistificación. Por esto mismo, es que surge una cultura que procura perpetuarse en las formas inertes de la negación del placer y destruye las posibilidades de autodeterminación del obrar y de la búsqueda de una vida buena.

Ante esta situación, Epicuro elabora una ética del límite y de lo necesario que rechaza la vida del *polítēs* platónico-aristotélico y propone, en cambio, vivir como *idiṓtēs*, es decir, lejos de la agitación de la vida de la *pólis*. Pero ¿cómo hacer posible, no obstante, que se estrechen las relaciones entre aquellos que son capaces de buscar una buena vida guiada por el principio del placer? En respuesta, Epicuro afirma que "de todos los bienes que la sabiduría ofrece para la felicidad de una vida plena, el más grande es la adquisición de la *philía*".[77] Así, la *philía* constituye para Epicuro un concepto ético de suma utilidad, que está lejos de implicar un mero pragmatismo, pues indica, ante todo, que los actos de cualquier hombre esperan una respuesta del otro.[78] Se trata de una afirmación solidaria que se evidencia en un beneficio hacia ambas partes de la relación.[79] Sabido es que, para el epicureísmo, la sociabilidad entre los hombres no está dada por naturaleza.[80] Entonces, se comprende que la *philía* garantice la seguridad (*aspháleia*) para alcanzar el fin de la vida, que consiste en la adquisición del placer.[81]

El tratamiento de la *philía* por parte de Epicuro constituye uno de esos momentos de esplendor filosófico que trasuntan cabalmente la hondura de su reflexión. Allí, el Maestro de Samos opera un salto cualitativo que lo conduce desde considerar el inicio de la *philía*, que se expresa mediante acciones objetivas y utilitaristas, hasta refrendar su carácter de fin en sí. En efecto, tras el despliegue argumental del maestro se revela que ella no es otra cosa que la sabiduría misma.[82] El lugar que Epicuro otorgaba a la *philía* quedó

77 Cf. *MC* XXVII.

78 Cf. *SV* 34; *SV* 39.

79 Cf. *SV* 23.

80 Cf. Lactancio, *Instituciones Divinas*, III, 17, 42 = Us.523.

81 Cf. *MC* XXVII; *MC* XXVIII; *MC* XL; *SV* 34; 39; Cic., *De Fin.*, II, 83; Bailey (1928: 519).

82 Cf. *SV* 78.

testimoniado en las epístolas que envió a distintos discípulos.[83] Ellas nos muestran a un acompañante de almas; alguien capaz de dirigirse a un hombre concreto y de ponerse a su lado ante las situaciones particulares de la vida. Y en tal sentido, a alguien cuya intención es la de aportar su saber en virtud de lo que él mismo podía haber experimentado, para transmitir un modo de ingresar al conocimiento de la naturaleza. Epicuro expresaba su confianza en que tal conocimiento le sería útil al discípulo-amigo para el inicio de la propia búsqueda de una vida feliz. Así, las cartas revelan no sólo la exposición de los aspectos más técnicos de su filosofía, sino la intimidad y la preocupación del maestro que se manifiesta siempre en una tonalidad afectuosa.[84] En este marco, la *philía* es considerada un bello riesgo, ya que no se detiene en un mero intercambio utilitario, sino que se forja en un compromiso libremente contraído, y del cual florece la alegría. Por otra parte, los amigos, para Epicuro, también se ayudan y se auxilian en sus necesidades. Por ello, la *philía* se instaura como la negación contundente del desorden histórico, porque libera al hombre de los terrores y prejuicios que impiden su buen vivir.[85] Además, se la puede pensar como un *phármakon*, en tanto cura al hombre de su repliegue sobre sí y lo abre a los otros. Esta pareciera ser, en general, la representación de la amistad en las teorías éticas de la Antigüedad.[86] En el pensamiento de Epicuro, la presencia del amigo es un abrigo cálido contra la soledad que se le impone al hombre a través de una de sus peores máscaras: la lucha competitiva de todos contra todos. Si se tiene en cuenta lo antedicho, se comprende que el amigo sea pensado como un testigo en quien el hombre se puede reconocer; y asimismo, las acciones nobles se ven premiadas por su aprobación.[87]

Ahora bien, podría creerse que la experiencia de la *philía* en el Jardín (*kêpos*) constituía, de hecho —ante la convulsionada situación de la *pólis* ateniense—, una cautelosa separación de la política. Desde esta perspectiva, sería de suponer que la *philía*

---

83 Cf. De Sanctis (2015:55-73).

84 Cf. Séneca, *Ep. a Lucilo*, 7, 11 = Us.208.

85 Cf. *SV* 66.

86 Cf. Konstan (1994:386-394).

87 Cf. Séneca, *Ep. a Lucilo*, 7, 11 = Us.208.

no hacía sino profundizar la distancia entre la ética y la política. No olvidemos, además, que la comunidad de amigos epicúrea es una sociedad espontánea, y que, en tal sentido, se diferencia de la comunidad política por el carácter artificial que asume en esta última el vínculo entre los individuos. Es cierto, asimismo, que la artificialidad de la comunidad política era percibida por los epicúreos como la instigadora de los deseos infinitos y vanos. A ella le atribuían que, lejos de conformarse con lo necesario y respetar los límites de la naturaleza, surgieran en el hombre la voracidad insaciable y la desconfianza del otro.[88] Sin embargo, como veremos al trabajar las *Máximas Capitales* sobre la justicia, la relación entre ética y política en el epicureísmo puede leerse bajo un signo muy diferente.

Pasemos ahora a considerar el modo en que la *physiología* epicúrea llega a fundamentar la noción de *philía*, ya que, según lo advertimos en las distintas alternativas de nuestra argumentación, resulta dificultoso recuperar en profundidad los sentidos de un concepto en Epicuro sin reponer de forma integral su idea de los mecanismos que ordenan el mundo físico y de la manera en que estos se vinculan con la acción humana.

El filósofo de Samos comienza por señalar que los amigos buscan conservar la estabilidad de sus almas; pero que este equilibrio, por momentos, puede perderse a causa de las diversas interacciones que un hombre realiza en la vida en común. En tal caso, solo la auténtica *philía* es capaz de restablecer el equilibrio perdido de las almas. Y ello es así porque, justamente, siguiendo los presupuestos de la filosofía atomista, la *philía* puede ser asimilada a un verdadero proceso de agregación y de unificación atómica. Sin embargo, en acuerdo con la interpretación de Arrighetti, defendemos que la filosofía natural epicúrea no debe restringirse únicamente a las grandes explicaciones atómicas, ya que existe en ella un vínculo intrínseco entre la *physiología* y la ética. Desde esta óptica, la *philía* es capaz de restablecer el equilibrio de las almas no solamente en respuesta a una organización mecánica de la naturaleza, sino, y fundamentalmente, porque tiene el poder de contribuir a la consecución de la *ataraxía*;[89] es decir, ese estado de

88 Cf. *SV* 68.

89 Cf. Arrighetti (1978:49-63).

no desequilibrio ni turbación anímicos que Epicuro identificaba con la felicidad misma o *eudaimonía*. Pero aún hay más, contrariamente a lo que se puede llegar a pensar, la *philía* no obedece a un plan meramente utilitario; es lo afectivo lo que tiene en ella un valor de primera magnitud, pues es lo que en verdad sustenta esa unión.[90] Y es, igualmente, lo que motiva que Epicuro la describa con todos los atributos de la generosidad. Llegado este punto, quedaría, entonces, por indagar cómo se compatibiliza, en el marco de la filosofía epicúrea, ese rasgo de la *philía* con su inicio utilitario y con el principio que rige la acción individual de elegir el placer y evitar el dolor.

En el *De Finibus*, de Cicerón, Torcuato, para defender la doctrina de Epicuro, se había visto obligado a responder a las objeciones de incompatibilidad entre la búsqueda interesada y egoísta del placer y la *philía* que, en sí misma, presupone el altruismo.[91] En este sentido, Torcuato indica la fuerza del compromiso que se asume con la *philía* cuando señala que "existe una suerte de pacto (*foedus*) entre sabios que los hace no amar menos a ellos mismos que a sus amigos".[92] Como se puede observar, la responsabilidad que implica la *philía* permite que se establezcan semejanzas con un contrato jurídico. No obstante, el plus que ella implica respecto de una relación jurídica de esa índole está dado por la convicción de que todo hombre se encuentra seguro junto a su amigo.[93] El sabio epicúreo establece un pacto de amistad con sus semejantes, ya que por éste se sella un mutuo compromiso de respeto que reporta un gran beneficio: la seguridad (*aspháleia*) ante los avatares de la vida. La importancia de la *philía* para el epicureísmo queda de manifiesto al ser caracterizada por Torcuato como un pacto de sabios. Pero, insistimos, no se trata de un contrato jurídico, sino que es una *conjunctio*, es decir, una íntima unión de amigos, por lo que resulta insensato querer derogarlo o sustraerse a este lazo de amistad.[94] En todo caso, debe primar la prudencia (*phrónēsis*) que aconseja cuidar de los amigos como valores fiduciarios para

---

90 Cf. *MC* XL; Cic., *De Fin.*, I, 65.

91 Cf. Cic., *De Fin.*, I, 65-70.

92 Cf. Cic., *De Fin.*, I, 70 y II, 83.

93 Cf. *SV* 34.

94 Cf. Cic., *De Fin.*, I, 68.

el futuro.[95] Long nos recuerda, asimismo, que para el epicureísmo no se puede vivir placenteramente sin vivir honorablemente (*living honourably*).[96] Por ello, con respecto a la aparente incompatibilidad entre el egoísmo hedonista y la generosidad, esta presunta contradicción se resuelve de manera relativamente sencilla siempre y cuando no se omita que la *philía* solo puede establecerse como lazo de unión entre quienes llevan una vida noble y con honor.[97]

Aun así, la tensión entre egoísmo y altruismo ha suscitado un reciente debate entre Mitsis y O'Keefe que nos ayudará a elucidar otras vías para pensar esta tensión y para establecer si Epicuro consideraba la *philía* siquiera posible. Según las reflexiones de Mitsis, la ética epicúrea se caracteriza por promover la invulnerabilidad de los seres humanos; por lo tanto, todo el esfuerzo se centra en integrar las reflexiones sobre la *philía* al hedonismo como un modo de la felicidad. Tales desarrollos, empero, no han hecho sino acrecentar la impresión de incoherencia sobre este punto por parte del epicureísmo. Para Mitsis, el carácter vulnerable de la vida de los hombres —que la filosofía epicúrea ha pretendido, sin éxito, minimizar— resulta imposible de soslayar aun con la presencia del amigo.[98]

Por su parte, O'Keefe se aboca a subrayar la coherencia de los argumentos de Epicuro sobre la *philía* no sólo con su ética, sino también con su física; de cuyos presupuestos —los de ambas—, sostiene, aquella se deriva perfectamente, por lo cual se garantiza su posibilidad de realización.[99] Más persuasivos todavía a favor de la inexistencia de una contradicción entre los términos analizados resultan los argumentos propuesto por Gill y Algra, quienes marcan que la disyunción entre el egoísmo y el altruismo resulta en sí misma extraña a la cosmovisión griega.[100] Por ello, las interpretaciones que proponen Mitsis y O'Keefe, aun cuando arriban a conclusiones opuestas, no dejan de establecerse sobre un fondo común, una noción del límite entre el sí mismo y el otro que, de suyo, no es aplicable de manera mecánica —como

95 Cf. Cic., *De Fin.*, I, 66.

96 Cf. El análisis filológico de la *Ep. Men*, §132 y de la *MC* V.

97 Cf. Long (2006:190-192).

98 Cf. Mitsis (2015:165-167); Annas (1993b:333-337).

99 Cf. O`Keefe (2001a).

100 Cf. Gill (2006:3); Algra (2003:272-273), Algra (2003:291).

lo muestran Gill y Algra— a las reflexiones de la filosofía griega sobre la reciprocidad entre los hombres.

Resulta por lo tanto necesario, con vistas a comprender la dimensión histórica de este problema, recuperar algunos aspectos del tratamiento de que fue objeto la *philía* como noción en el marco de la filosofía clásica. En todo caso, para Platón y Aristóteles, la *philía* sólo puede pensarse bajo la idea de reciprocidad y de una comunidad que modela la identidad de sí de cada hombre con diversos grados de intensidad. Esta idea persiste —aunque transformada— en la filosofía helenística y, en particular, en el epicureísmo.[101] Ahora bien, en las Éticas, Aristóteles distinguía tres especies de *philía;* en primer lugar, la *philía* basada en el placer; otra, sostenida en la utilidad; y la más perfecta (*téleia*), fundada en la virtud. El objetivo de esta clasificación era argumentar que estos tres modos de la *philía* no son especies de un género común.[102] La *philía* perfecta, que en la *Ética Eudemia* es llamada *primera,* no es un género, por lo cual los otros dos modos no dependen de este sentido pleno de *philía.*[103] Tal como lo explica Aristóteles se trata de una mera afinidad lexical.[104] La caracterización aristotélica del concepto de *philía* no es pues ni unívoca ni equívoca, sino que obedece a una consideración de la relación de dependencia causal. Los diversos significados de la palabra *philía* quedan referidos de este modo a la *philía primera.*[105] Es decir, si de las primeras especies de *philía* —de las que buscan la utilidad y el placer— pueden participar tanto los hombres buenos como los malos, a la *philía* primera sólo podrán realizarla los hombres nobles y buenos. La *philía* primera es una rareza frágil, porque los hombres virtuosos no son muchos. Además, este tipo de *philía,* para constituirse y cimentarse, exige del tiempo, que siempre somete a los hombres a la recia vulnerabilidad de la vida. Aristóteles sostiene que únicamente es *en sí* la *philía* movida por la virtud, ya que implica que el amigo (*phílos*) ha sido estimado por sí mismo. En las dos formas restantes de *philía,* en cambio, el otro es visto como un medio

---

101 Cf. Gill (2006:100-127); Algra (2003:270-273).

102 Cf. *EE*, 1236 a 20. Gadamer (1988:99) afirma que se trata de una clara alusión al *Lisis* 220d de Platón, concebida la *philía* como *próton phílon.*

103 Cf. *EN*, 1156 a 10-20; *EE*, 1236 a 15-20.

104 Cf. *EN*, 1236 b y ss.

105 Tal como desarrolla en *Met.*, IV, 2.

para alcanzar el placer o la utilidad, lo que ratifica el modo de ser accidental (*katà symbebekós)* de tales *philíai.*

Cabe advertir que Epicuro difícilmente desconociera estos argumentos aristotélicos. Aunque, como ya se ha visto, mantiene que el origen de la *philía* se encuentra en el interés o utilidad (*khreía*).[106] Para comprender mejor las características de este planteo acerca del origen de la *philía,* es oportuno citar a Bollack, quien precisa que la "*khreía* no reviste el carácter ni de interés ni de necesidad, ni siquiera de deseo natural, sino que se constituye en el uso mismo de la amistad, en el solo hecho de practicarla. Epicuro diría, entonces, que la amistad crece en el intercambio mismo (...)".[107]

La *philía* epicúrea, pues, se inicia con la utilidad, pero de ningún modo se limita a ser cultivada únicamente en un plano pragmático, sino que avanza con igual intensidad en el plano afectivo; y lo que procura es, en definitiva, el placer, el fin último para los hombres. Llegados a este punto, conviene retomar el argumento de Torcuato que alude a que el sabio tiene para su amigo los mismos sentimientos que guarda para sí. Esta idea del amigo como *alter ego* ya había sido explicada por la filosofía; lo que se afirma es que el amor de amistad permite que concurran, sin contradicción, tanto el amor hacia al amigo como el amor por sí mismo.[108]

Sin embargo, al reconstruir la argumentación epicúrea, parecen quedar aún indeterminados ciertos aspectos: si el altruismo se da en la *philía* con el mismo grado que el interés por sí; cómo se concilia el llamado de Epicuro a la autosuficiencia y la autarquía del sabio con la acción altruista;[109] y cuánto podría aportar la *philía,* verdaderamente, a la felicidad. En este sentido, Torcuato señala la existencia de tres posiciones. En primer lugar, se encuentran los hedonistas puros, que consideran el valor de la amistad sólo por el placer y la utilidad que aporta. Un segundo grupo está integrado por aquellos a los que llama *tímidos* (*timidores*), quienes se sustraen de medir la amistad en relación con el beneficio de placer que aporta y admiten que resulta deseable por sí misma.

---

106 Cf. *DL*, 120 b; "*ha per causa l'uttilità*" Bignone; "*in vista dell'utilità*" Arrighetti; Gigante "*originata dalla necessità*"; Festugière, "*les necessités de la vie*". Cf. Bollack (1975:568).

107 Cf. Bollack (1975:568).

108 Cf. *MC* XL, Cic., *De Fin.*, I, 65.

109 Cf. *Ep. Men*, §130; *SV* 44; *SV* 45 y *SV* 77. Cf. Arrighetti (1973:XXIV); Mitsis (2015).

Por último, en el tercer grupo, se ubican quienes que se inclinan por cierta forma contractualista.[110] Tras presentar estas posiciones, Torcuato encamina sus argumentos a mostrar la urdimbre que se da entre amistad, placer, felicidad y vida buena. Desde su punto de vista, la amistad es un medio necesario para la consecución del placer en forma estable; es decir, la amistad —que es una mediación— abre al sabio la posibilidad del placer. Más aún, lo conduce a una vida buena y feliz, por lo cual debe implicarse también, necesariamente, a las virtudes.[111]

El carácter fragmentario de la transmisión epicúrea ha sido objeto de numerosas polémicas, de las cuales no ha quedado exento el concepto de *philía*. Al respecto, cabe recordar la traducción fijada en la *Sentencia Vaticana 23* con referencia a la noción que nos ocupa: "Toda amistad es por ella misma una virtud (*aretḗ*), pero ella tiene su origen en la utilidad". En contraposición a esta forma de establecer el enunciado, el prestigioso filólogo alemán Usener sostiene que, en cierto momento, Epicuro habría cambiado su punto de vista utilitario, por lo cual la *philía* pasó a resultar algo valioso por sí mismo.[112] Para que tal interpretación mantenga rigor filológico-crítico no hay otra salida sino corregir el lexema *aretḗ* (virtud) por *airetḕ* (ser deseado); con lo cual la sentencia quedaría planteada como sigue: "Toda amistad es por ella misma deseable (*airetḕ*)".[113] Por nuestra parte, y en acuerdo con Bollack,[114] esta modificación no resulta necesaria. Epicuro juega con una paradoja; aunque se haya iniciado en un interés, la *philía* es una virtud desinteresada que solo busca asegurar la consecución del placer. En este mismo sentido, vale la pena recordarlo, se había orientado la defensa de Torcuato contra el carácter utilitarista que se le adjudicaba a la *philía* epicúrea. También Filodemo, un epicúreo tardío, aporta elementos a favor de esta perspectiva. En su tratado *Perí Parrēsías PHerc*. 1471, asevera:

---

110 Cf. Cic., *De Fin.*, I, 68. Tsouna (2007:28-30).

111 Cf. Cic., *De Fin.*, I, 68-69.

112 Cf. Müller (1972:118).

113 Cf. Bollack (1975:451); Arrighetti (1978:49-63); Long y Sedley (2001:256); Brown (2002:68-80).

114 Cf. Bollack (1975:451); Long y Sedley (2001:275-278); Balaudé (1994:212).

> Incluso si se demuestra por la lógica que muchos beneficios resultan de la amistad, nada es tan grandioso como tener a alguien a quien decir lo que nos pasa en el corazón y que nos oye cuando hablamos. Por nuestra naturaleza hay deseos fuertes de revelar a algunos lo que pensamos.[115]

Lo especialmente significativo en el comentario de Filodemo es la importancia que otorga a la *parresía*; y es en tal sentido que advierte contra los aduladores, su hablar lleno de exageraciones y fundado en el mero interés. Observa, por otra parte, que —dado que lo que se busca es el placer familiar y natural— la verdadera amistad —aquella que proporciona una seguridad serena— solo puede provenir del amigo que siempre habla con franqueza.[116]

No puede dejar de señalarse, sin embargo, que, aun cuando Epicuro y los epicureístas definen a la *philía* como una mediación para la obtención del placer y la serenidad del alma, tal argumento difícilmente podría responder de manera rigurosa a la ambigüedad que se plantea entre egoísmo y altruismo; incluso si se reconoce la importancia de la *philía* como componente de la vida ética. Tal vez, el dilema entre egoísmo y altruismo, presente en la noción que nos ocupa, encuentre en la filosofía política epicúrea otros argumentos que permitan su resolución.

115 Cf. Filodemo, *fr.* 28.

116 Cf. Filodemo, *PHerc* 1082.

— Segunda parte —

Justicia y política en Epicuro

Capítulo V

El devenir de la sociedad humana. De la justicia a la política en Epicuro

La famosa sentencia recogida por Plutarco, *láthe biṓsas*,[1] pareciera ser la consecuencia directa de defender el placer como fin de la vida de los hombres; es por ello que estos se repliegan sobre sí.[2] Sin embargo, el análisis que Epicuro efectúa de la sociabilidad humana recorre todos los tópicos de la filosofía política. En efecto, el filósofo de Samos reflexiona sobre la génesis de la sociedad humana, el punto de vista político de la justicia y el valor ético-político de la obediencia del sabio a las leyes.

Precisamente, en virtud de su invitación a hacer una cautelosa retirada de los asuntos de la *pólis* y su defensa de la seguridad individual (*aspháleia*), la filosofía epicúrea fue con frecuencia interpretada como apolítica; no obstante, es posible sostener, a partir de los fragmentos, que existe en ella una más que profunda reflexión en torno de lo político.

1. La génesis de la sociedad humana dos visiones: Hermarco y Lucrecio

1.1. Hermarco, el surgimiento de las leyes en una comunidad

No se dispone de fragmentos de Epicuro que refieran expresamente al proceso de constitución de las comunidades humanas. Sin embargo, existe cierto consenso acerca de que los testimonios

1 Cf. Plutarco, *De latender vivendo* [De si está bien dicho lo de vive ocultamente] = Us.551.

2 Cf. Fowler (1989:122-126); Nichols (1976:15).

de Hermarco y Lucrecio son una fuente fiel para reconstruir este aspecto de la filosofía política epicúrea.

Porfirio nos trasmite un texto de Hermarco —primer sucesor de Epicuro en el Jardín— en el que se relata la condena de los legisladores contra el homicidio voluntario. Ellos consideran que se trata de un acto sacrílego, porque la vida debe preservarse siempre a favor de una comunidad, es decir, de una convivencia pacífica entre los hombres. La paráfrasis de Porfirio no tiene como fin exponer la concepción de la filosofía política epicúrea ni los fundamentos de su justicia; solo le interesa desarrollar un argumento negativo para enriquecer su elogio del vegetarianismo. Pero Hermarco, citado por Porfirio, presenta una serie de reflexiones sobre la justicia que nos interesan particularmente.

En primer lugar, sostiene que las leyes justas establecen relaciones contractuales entre los miembros de una comunidad (*koinonía*), por lo cual la legitimidad y validez de las leyes debe ser establecida por el criterio de utilidad. El testimonio de Hermarco señala, entonces, por una parte, la importancia de la comunidad en relación con lo justo y con el carácter convencional y no natural de las leyes; por otra, la utilidad como fin de las leyes justas que, por eso, una vez instituidas, deben preservarse.[3] Se puede afirmar, pues, que lo útil permite un pasaje desde el instinto irreflexivo a una visión razonada del valor que la utilidad tiene para un grupo humano. Si hubiese que hacer una historia del proceso que culmina instituyendo lo útil en un criterio de lo justo, habría que narrar la incidencia del crecimiento numérico de los hombres en sus modos de agrupamiento. Según la hipótesis de Hermarco, las leyes escritas y no escritas se transmitían de manera natural, estable y sin violencia; y su legitimidad quedaba establecida por el consentimiento de cada hombre. Progresivamente, resultó imposible dejar lugar a un sentimiento espontáneo de lo que era útil para los integrantes de la comunidad, y quienes se encargaron de esta tarea fueron los legisladores.[4] La forma en que los hombres iban desconociendo de manera gradual su propio interés terminó por producir que la justicia requiriese de castigos para lograr instituirse. Finalmente, la asociación perdió su carácter espontáneo

---

3 Cf. Porfirio, *De la abstinencia*, I, 7.

4 Cf. Porfirio, *De la abstinencia*, I, 8, 2.

y su motor ya solo fue el miedo que provocaba en los hombres la posibilidad de desobedecer las leyes.[5] Ahora bien, aun si cada comunidad define, mediante la apelación a lo útil, las condiciones en que su vida concreta se desarrolla, ello no explica el problema del relativismo de las leyes. Hermarco se opone por igual a la "estupidez" de todo subjetivismo jurídico y a una forma errónea de entender la relatividad de las leyes, es decir, en función de prejuicios o "suposiciones particulares". Da entonces un paso más en el esclarecimiento de este problema, y sostiene que la relatividad de las leyes debe entenderse de manera correcta en el sentido de que siempre están sujetas a una comunidad en un tiempo y un espacio determinados.[6]

Esta exposición del primer sucesor de Epicuro en el Jardín, aun cuando le falten precisión y claridad, vuelve a tematizar esa condición constitutiva de la ley que el Maestro ya había tratado en las *Máximas Capitales*, y que reclama adoptar un punto de vista universal respecto de las leyes y de lo justo, sin desconocer, al mismo tiempo, las determinaciones particulares de las comunidades donde se realizan esas leyes —ya que introducen variaciones y cambios—.[7] Esta gradual inclusión de la norma en los agrupamientos humanos implica, desde la perspectiva de Hermarco, un progreso para los hombres, ya que, paulatinamente, se persuaden de la necesidad de aceptar reglas compartidas que mejoren su vida en común.[8] Sin embargo, no deja de resultar significativo el modo en que omite la existencia de una conexión necesaria entre la ley y la justicia, porque, si bien en la realización de la primera está comprometida la utilidad,[9] nunca una ley puede convertir la utilidad en justicia. En síntesis, la justicia surge en el seno de una comunidad cuando esta establece su estado de derecho, por lo cual ella no se podrá definir sin referirse a leyes que ya hayan sido instituidas.[10]

5 Cf. Porfirio, *De la abstinencia*, I, 8, 3-5.

6 Cf. Porfirio, *De la abstinencia*, I, 12, 1-2; Cf. *MC* XXXVII y XXXVIII.

7 Cf. Epicuro, *MC* XXXVI.

8 Cf. Porfirio, *De la abstinencia*, I, 8.

9 Cf. Alberti (1995:171).

10 Cf. Porfirio, *De la abstinencia*, I, 12, 5-6.

1.2. Lucrecio y el nacimiento de la historia de la humanidad

Otra de las líneas fundamentales de reflexión del epicureísmo acerca de este tópico decisivo de la justicia y la ley se hace presente en la descripción que Lucrecio efectúa en el célebre canto V del *De Rerum Natura* sobre la génesis de la humanidad. Al mismo tiempo que narra una *prehistoria*, el poeta filósofo introduce allí la *gesta* de los hombres en un tiempo anterior al nacimiento de la escritura.[11] El proceso que se relata abarca desde los momentos presociales de la humanidad hasta la aparición, gracias al lenguaje —y a la escritura, más tarde—, de los primeros signos de sociabilidad.[12] La investigación de Lucrecio se mantiene fiel al método epicúreo; comienza por indagar las huellas conocidas en el presente y, de allí, mediante la inferencia, extrae nuevas conclusiones para arrojar luz sobre ese incierto pasado.[13] El resultado de esta investigación devuelve una imagen del mundo como ateleológico, no providencialista y carente de un principio exterior que rija sus procesos de cambio. En efecto, toda la historia lucreciana tiende a mostrar que el hombre sólo abandona la violencia primigenia porque le resulta más racional adoptar las formas de amistad y los pactos de los cuales se derivará la justicia. Asimismo, pone de manifiesto, con absoluta claridad, que el hombre no es un animal político y que, en todo caso, su asociación con otros obedece siempre al interés.[14]

Ya en el himno inicial del poema, Epicuro es declarado benefactor de la humanidad, héroe universal y un auténtico dios.[15] Tal es la magnitud atribuida a su advenimiento que traza la división entre la prehistoria y el comienzo de la verdadera historia; más aun, se llega a afirmar que tanto la justicia como las leyes serían

---

11 Sobre el carácter de poesía didáctica del poema en general cf. Sedley (1998); Armisen-Marchetti (1994:9-17). En su comentario Ernout-Robin (1962:11) juzgan el modelo del Canto V como una doxografía.

12 Cf. Morel (2009:71-80); Rodis-Lewis (1975:415-433); Campbell (2003); Konstan (2007a); Luciani (2000:118-177); Gigandet (1998:37-58); Salem (1997:195-215).

13 Cf. Lucrecio, *DRN*, I, 402-409.

14 En relación con la originalidad del relato Cf. Cole (1967:3-4); el autor lo asocia en extensión —no en su contenido— a Platón, *Leyes*, Libro III. El carácter antiplatónico de Lucrecio hace pensar en que es una versión contraria al mito del *Político*, 271d-e.

15 Cf. Lucrecio, *DRN*, V, 5-10. Respecto a la divinización de Epicuro, cf. Plutarco, *Contra Colotes* 1117 b-f.

innecesarias cuando el epicureísmo se hubiera universalizado. Desde la perspectiva de Lucrecio, el gran problema de la filosofía epicúrea es, pues, el de conciliar los "pactos de la naturaleza" (*foedera naturae*) con los pactos de los hombres. La historia no tiene un comienzo divino, y resulta dificultoso, por lo mismo, establecer un inicio dentro de la economía del relato. En tanto su objetivo es desacralizar el mundo y alejar su narración de la tradición cosmogónica y cosmonómica, Lucrecio hace de la ubicación de los hombres en medio de la tierra con sus infinitas disposiciones el comienzo del poema.[16]

Pero ¿cómo describe el relato lucreciano la vida de los primeros hombres? Esta se aparece allí bajo una forma bestial y carente por completo del conocimiento de técnicas; además, pues no reconocen costumbres ni reglas (*nómima*), ignoran el bien común. Al carecer de transmisión, se instruyen mediante el azar y la repetición del ensayo y el error; y el deseo sexual es el único principio de unión. Finalmente, si se reagrupan, es para la caza y por la necesidad de resistir a la agresión de los animales salvajes, ya que, instigados por el miedo natural y espontáneo, procuran protegerse entre todos (vv. 925-1010).[17]

A continuación, a partir de la invención del abrigo —con las pieles utilizadas para cubrirse—, el poeta conjetura el nacimiento de una primera forma de sociabilidad fundada en la amistad (*amicities*),[18] y de la preocupación por proteger a los más débiles. Sin estas formas de asociación que comportan estabilidad para los hombres, la humanidad hubiese desaparecido. Es en tal contexto que tienen lugar los primeros pactos (*foedera*) entre los hombres

16 Cf. Lucrecio, *DRN*, V, 156-180.

17 Cf. Lucrecio se distancia de Platón, *Protágoras*, 320c-322d y de Diodoro de Sicilia, *Historia Universal*, I, 8 que insistían en una vida de hombres surgidos de la tierra dispersos unos de otros que solo se reunían para luchar contra las bestias.

18 Por la importancia que el epicureísmo otorga a la amistad, la interpretación de este término ha suscitado un debate interesante. Mitsis (2015:152-160) y Armstrong (1997:327, nota 8) afirman que *amicitiem* no puede ser traducido por *friendship* (amistad) porque se trata de un contrato de justicia de no dañar y no ser dañado. Según Armstrong, es una alianza formal romana sin mediación afectiva. En cambio, Campbell (2003:272) contradice estas afirmaciones al mostrar que *amicitia* se usó recurrentemente para referirse a alianzas políticas. En el mismo sentido se pronuncian Nussbaum (2003:334, nota 33) y Konstan (2007a:117-120).

(vv. 1025-1027), y es, asimismo, esta estabilidad la que hace posible el surgimiento del lenguaje.[19]

Los hombres son compelidos por la naturaleza (*natura*) a emitir sonidos variados, y por la necesidad, a expresar el nombre de las cosas. Demócrito interpretó que el inicio del lenguaje constaba de dos momentos; aquel en que los hombres sólo contaban con el grito inarticulado propio de los animales, y uno segundo en el que, ya de forma convencional, los grupos humanos pactaron por azar las designaciones de cada una de las cosas. De este modo, intentaba dar cuenta del proceso de surgimiento de la variedad de lenguas.[20] Epicuro, por su parte, rechazó la convencionalidad como explicación; desde su punto de vista, los nombres (*tà onómata*) no surgen por convención (*thései*) sino por la naturaleza (*phýsei*) de los hombres y por la elección de cada tribu, ya que las distintas lenguas expresan, de formas diversas, el conjunto variado de representaciones y afecciones propio de cada grupo.[21] Lucrecio, quien seguía en ello a Epicuro, también se opuso a la tesis convencionalista. Para ambos, sin un primer lenguaje natural no sería posible forjar la serie convencional de los nombres.[22]

El lenguaje es el instrumento que permite a los hombres compartir las experiencias adquiridas y anticiparse a situaciones semejantes. Por ello, los hombres acceden al diálogo como una etapa de mayor madurez, en la cual las palabras sirven al entendimiento y al razonamiento.[23] También aquí es posible indagar la relación entre naturaleza y convención según la expone Epicuro en el §75 de la *Epístola a Heródoto*. En esa dirección, Lucrecio insiste en que la naturaleza se modifica no tanto por la acción de los hechos como por verse constreñida a asimilarlos en su multitud; y lejos de convertirse en una noción cristalizada, esta muestra toda la fuerza de su dinámica. Por consiguiente, Epicuro y sus discípulos asignan a la naturaleza (*Epístola a Heródoto*, §75) un papel formador en el estadio inicial del lenguaje que luego cederá el paso a la

---

19 Cf. Kahn (1981: 96); Kany-Turpin (2006:157) señala que en toda esta parte del Canto V domina el razonamiento por el absurdo.

20 Cf. Demócrito, *DK* B 26. Cf. Cole (1967).

21 Cf. Epicuro, *Ep. Her*, §75.

22 Cf. Lucrecio, *DRN*, V, 1041-1055; Diógenes de Enoanda; *fr.* 10 Morel.

23 Cf. De Lacy (1939); Long (1971); Sedley (1973:17-23); Brunschwig (1994b); Di Cesare (1980); Everson (1994); Verlinsky (2005).

convención (*Epístola a Heródoto*, §76), a fin de enriquecerlo y de perfeccionarlo.[24] En este esquema, el razonamiento y el lenguaje se desarrollan de manera sucesiva; y a través de ellos, los hombres producen nuevos descubrimientos y mejoras. La condición *sine qua non* de este desarrollo es seguir lo que la naturaleza les indicó.[25]

Ahora bien, es lógico que en una naturaleza sin providencia sea la fuerza violenta la que atraviese a todas las especies y a los hombres en sus diversas manifestaciones asociativas.[26] Sin embargo, es la sociedad humana la que revela una solidaridad capaz de detener esa fuerza violenta. En tal sentido, las leyes presuponen un acuerdo natural sobre el cual —mediante el principio de utilidad— se amplía el ámbito familiar (*oikeîon*). Tanto el lenguaje como esta solidaridad —que se extiende desde lo familiar hacia los más débiles— se elaboran sobre una base natural y tienen lugar de manera simultánea.[27]

La adquisición del fuego (vv. 1091-1107) es otro episodio que enfatiza el carácter antimitológico del poema didáctico, ya que, según Lucrecio, no son ni Hefesto ni Prometeo quienes lo roban y lo ofrecen a la raza humana, sino que los hombres mismos lo han descubierto mediante la observación y la experiencia.[28] No hay tampoco inconsecuencia —ni cronológica ni lógica ni, mucho menos, etiológica, como ha demostrado Boyancé— en el hecho de que la adquisición del lenguaje preceda a la del fuego; se trata, simplemente, de la rigurosa aplicación del método inferencial.[29] Los hombres, al hacer una experiencia y al reflexionar sobre ella, desarrollan la capacidad de trasponer los conocimientos adquiridos. Se alcanza así el fin de la fase prepolítica, que da ahora lugar al tránsito hacia la fase política.

El momento político se establece, según Lucrecio, con la fundación de las primeras ciudades y, de modo concomitante, se

---

24 Conche (1987:178); Cappelletti (1987:255); Rodis Lewis (1975:433).

25 Cf. Diógenes de Enoanda, *fr.* 10 y 12, col 2-5 Morel. Cf. Sedley (2011:151-175); Spinelli-Verde (2010: 215-216).

26 Cf. Lucrecio, *DRN*, V, 962-964.

27 Cf. Para una lectura diferente, cf. Salem (1997:209-215); el autor argumenta que no se puede establecer una analogía entre el surgimiento del lenguaje y el del derecho porque este último es absolutamente convencional.

28 Cf. Gigandet (1998:116-117).

29 Cf. Boyancé (1963:243-244).

instaura la realeza, cuyo gobierno tiene un sentido defensivo (vv. 1108-1119); al respecto, el poema analiza los deseos vacíos del honor, el poder y la ambición política. La evidente carencia de originalidad del planteamiento lucreciano se funda en el propósito de unir el desprecio epicúreo hacia toda forma de dominio y poder con el descrédito de que eran objeto entre los romanos las formas de la realeza (vv. 1120-1135). De manera consecuente, Lucrecio destaca la aparición, en este estadio, de los legisladores y de las leyes con el objeto de contraponerse a la violencia. Según su punto de vista, el miedo al castigo es el primer momento de la sociabilidad humana (vv. 1136-1160).[30] Con él surgen, de modo análogo, las reflexiones sobre la noción de dios, la superstición y el miedo (*horror*) a los castigos divinos —instituidos, estos últimos, a partir de los templos y ritos de la religión— (vv. 1161-1240). Aun cuando la opinión acerca de que Lucrecio se desvía de las enseñanzas epicúreas en torno al origen y conocimiento de los dioses es cuestionable,[31] ello no impide reconocer su reflexión acerca de la *superstitio y* la *religio* como modos de utilizar a los dioses para infundir temor. Desde su perspectiva, ellas procuran que toda acción humana sea motorizada siempre por el miedo al castigo, lo cual solo es posible por la ignorancia del orden de las causas de la naturaleza.[32]

Otro debate recorre, igualmente, el parágrafo que narra los descubrimientos técnicos, el arte de la guerra y el progreso de la agricultura (vv. 1241-1378).[33] Lo conduce la pregunta sobre si hay o no en Lucrecio un anhelo de retorno a ese momento primitivo cuando el hombre se contentaba con la satisfacción de deseos naturales y necesarios. Dos son las líneas de argumentación que intentan ofrecer una respuesta a este interrogante; una interpretación primitivista y otra pesimista. Según la primera, Lucrecio sí añoraría el retorno a un momento primitivo, ya que vería en el progreso de la técnica la causa nefasta que arrastra a los hombres a la perversión, pues desata en ellos deseos irrefrenables.[34] Des-

---

30 Cf. Epicuro, *MC* XXXV.

31 Cf. Gigandet (1998:173-180).

32 Se asemeja a la descripción que efectúa Lucrecio de los dioses en *DRN*, V, 1169 y ss. a Demócrito *fr.* B 166. Cf. Gigandet (1998:196-204).

33 Cf. Diógenes de Enoanda, *fr.* 12, col.1-2 Morel.

34 Cf. Salem (1997:209).

de la segunda perspectiva, en cambio, el poeta habría impreso en su obra un tono afectivo pesimista con el único propósito de advertir sobre la confianza excesiva depositada en el progreso de la técnica. Recorrer todos los argumentos que se han esgrimido para sostener una u otra posición excede con mucho el cometido de esta obra; no obstante, consideramos que la tensión dramática del poema tiene como objeto apelar, ante todo, a la reflexión, sin preocuparse de resolver la contradicción entre el primitivismo y el progreso civilizatorio.[35] Próximo al fin de su relato, el poeta dedica un último apartado al descubrimiento de la música y de las artes imitativas, a las cuales hace emerger de una combinación entre la observación de la naturaleza y el ocio (vv. 1379-1457).[36]

En el relato lucreciano sobre el devenir de la humanidad se destacan el carácter evolutivo aunque no teleológico de este,[37] y el hecho de que el tiempo de la historia está signado por el progreso humano; ambos presupuestos evidencian la apropiación de dos aspectos fundamentales del epicureísmo. El primero de ellos se sustenta en la afirmación de que el devenir de la humanidad no depende de leyes divinas providenciales que gobiernen la naturaleza;[38] esta se caracteriza por el flujo permanente de las cosas en su constante agregación y disgregación. Lo provisorio y la precariedad misma de la naturaleza tienen como único reaseguro el movimiento permanente de los átomos en el vacío.[39] En cuanto al segundo presupuesto, cabe señalar que los hombres conquistan su libertad y autodeterminación por el conocimiento de la naturaleza; ello se funda en su admisión de que el ordenamiento que poseen todas las cosas es un efecto regulado por la necesidad de los principios constitutivos de átomos y vacío.[40] Es este conocimiento el que permite a los seres humanos descubrir todos los bienes que se originan en la civilización.[41] La evolución no se comprende, obviamente, en clave darwiniana, y ni siquiera como una filosofía

---

35 Cf. Kany-Turpin (2006:161).

36 Cf. Filodemo, *De la musique,* Livre IV, col. 148, I 23-28, Delattre.

37 El proceso antiteológico descrito por Lucrecio sería la versión inversa de Platón, *Timeo*, 45b-46c; el ejemplo de la relación ojos/visión es apropiado al respecto.

38 Sobre el proceso no teleológico, cf. Verde (2013:137-139).

39 Cf. Lucrecio, *DRN*, II, 297-302 y V, 310.

40 Cf. Epicuro, *Ep. Her*, §81-82.

41 Cf. Luciani (2000:126); Berns (1976:484).

de la historia; se trata, simplemente, del progresivo dominio de la naturaleza que los hombres han alcanzado mediante los objetos y a través del desarrollo de su capacidad de adaptación a ella. Esta evolución adaptativa no se realiza siempre por el camino del triunfo, sino que experimenta avances y retrocesos.

La reconstrucción racional de la justicia se explica, por ejemplo, mediante el proceso de suavización de las relaciones entre los hombres, que principia por atemperar el trato hacia las mujeres y los niños. Lucrecio se detiene en los elementos físicos de ese proceso para luego establecerlo desde un punto de vista ético; en ese contexto, considera, asimismo, que el progresivo distanciamiento de la naturaleza estimula a los humanos a caer en aflicciones de orden psíquico motivadas por el miedo a los peligros más diversos. El peor miedo y la mayor desconfianza se presentan en las relaciones entre los hombres. Las instituciones sociales y políticas, sin embargo, lejos de operar positivamente, han favorecido, en la mayoría de los casos, el surgimiento de nuevas formas de terror y contribuido a extender propuestas que exacerban los deseos ilimitados. Así, Lucrecio, tras recordar que la concordia entre los hombres no siempre estuvo presente, lamenta que la discordia y la guerra continúen al acecho.

1.3. Epicuro, Hermarco y Lucrecio. Sobre el progreso de la historia

Las argumentaciones, tanto de Lucrecio como de Hermarco, no hacen —lo hemos visto— más que seguir a su maestro Epicuro, quien —según Epicteto— niega que entre los hombres se establezca una comunidad natural.[42] Para el epicureísmo, el hombre no es un animal político; la condición de encontrarse dotado de palabra (*lógos*) y razón (*noûs*) no lo orienta hacia el sentimiento del bien y el mal o de lo justo e injusto, ni tampoco lo afianza para su vida en una comunidad.[43]

En tal sentido, guarda una relevancia capital que el tiempo de la historia sea percibido por el epicureísmo como un tiempo del progreso, el cual no cesará hasta que este mundo llegue a su fin; los mundos infinitos que existen en otros tiempos y espa-

42 Cf. Epicteto, *Disertaciones*, II, 20, 6 = Us.523; Lactancio, *Divinae Institutiones*, III, 17, 42 = Us.540.

43 Cf. Aristóteles, *Pol*, I, 2, 1253 a.

cios habrán de iniciar también su propia historia y su singular progreso. El tiempo no tiene una existencia en sí mismo o por sí mismo independiente de las cosas, por lo cual se puede concluir que la historia es parte de la naturaleza. La filosofía epicúrea se ata a la naturaleza porque los eventos que acontecen en ella son siempre del orden del accidente, mientras que las propiedades pertenecen a la esencia de las cosas. Así, la historia progresa y evoluciona pero lo hace en la ambigüedad y la ambivalencia de una espiral que terminará con la disolución del mundo.[44] La vida de los hombres se despliega en este tiempo, y solo en él hallarán la oportunidad de lograr su autodeterminación. Para alcanzarla, deben ser capaces de sustituir los razonamientos inadecuados —que conducen a la ilusión de saciar deseos infinitos, al miedo y a la superstición— por aquellos que resultan de un conocimiento de la naturaleza y de la historia.

Epicuro y sus seguidores consideraban que el progreso de la historia se manifiesta en los diversos descubrimientos que los hombres hacen de las disposiciones de la naturaleza. Desde ese punto de vista, es su capacidad inventiva la que les permite progresar y conocer los límites que aquella —la naturaleza— impone de modo eficaz. Ante esta facticidad, se abren dos posibilidades; o bien se adopta la perspectiva inútil de querer con ansiedad sobrepasar todo límite, o bien se trabaja con prudencia para aceptar las condiciones de una felicidad posible. Por lo demás, esta suave felicidad humana no se da sin el reconocimiento de los hombres entre sí. En definitiva, es necesario aceptar que la justicia tiene dos rostros; uno que corresponde a la virtud individual y otro que constituye el horizonte de la política.[45]

2. La filosofía política de Epicuro

El reconocimiento de la existencia de una filosofía política en Epicuro se ha demorado varios siglos.[46] Por ejemplo, cuando el filósofo del Jardín se ocupó de la justicia en la secuencia de las *Máximas Capitales* XXXI a XXXVIII, Diógenes Laercio las interpretó

44 Cf. Luciani (2000:172-175).

45 Cf. Nichols (1976:209-210).

46 La existencia de una política epicúrea es defendida por De Witt (1954:183), Morel (2000:397) y Aoiz (2014:19-59); y tomada cautelosamente por Goldschmidt (1977:241-243) y Alberti (1995:163).

como "corona" del pensamiento ético epicúreo; acaso siguiera el modelo de la *Epístola a Meneceo*, donde el Maestro, hacia el final de la obra, exponía el surgimiento y la función de la justicia, luego de haber señalado el valor de la virtud de la prudencia (*phrónęsis*) que genera todas las demás virtudes.[47] Desde otra perspectiva, también Cicerón, en los libros I y II del *De Finibus*, argumentó sobre la justicia epicúrea como una virtud individual y soslayó su carácter político. Atribuía a Epicuro el desarrollo de un hedonismo racional en el que se exaltaba la individualidad del sabio y se establecía como único rasgo político la existencia de un contrato en defensa del interés personal.

Desde nuestro punto de vista, fue una lectura atenta de las fuentes la que hizo posible desarticular la sanción de hedonismo grosero (*bíos apolaustikós*)[48] que pesaba sobre Epicuro y los epicúreos. En tal sentido, consideramos que algo de este orden puede suceder —si se indaga en el plano de la política— con los significados tajantes que suelen asignarse a sentencias como *láthę biǿsas*[49] —vive ocultamente— o *oudé politeúsesthai*[50] —no participar en política—, y que frecuentemente se utilizan para sellar la imagen del apoliticismo epicúreo.[51]

Es conocida por todos la hostilidad de Plutarco contra la filosofía epicúrea. Esta se expresó, especialmente, por medio de una particular estrategia argumentativa que se reiteraba en sus escritos, en los cuales se constata que son sus propias intenciones y puntos de vista los que contrapone a la teoría de Epicuro.[52] Aun cuando en el *Contra Colotes* dicha estrategia presentó visibles variaciones, la crítica antiepicúrea permaneció intacta, mientras

---

47 Cf. *DL*, X, 138. Por otra parte, se sabe que Epicuro había escrito un *Perí Basileías* pero se desconoce su contenido, a excepción de ciertos fragmentos que podrían reconstruirse a partir de Plutarco, en su *Contra Colotes*, 1127 A y en *Sobre la imposibilidad de vivir placenteramente según Epicuro,* 1095C = Us.551.

48 Cf. Plutarco, *Sobre la imposibilidad de vivir placenteramente según Epicuro*, 1097A-1100D.

49 No se conserva en las *Epístolas, Máximas Capitales* y *Sentencias Vaticanas* referencia directa a esta expresión. Se acepta como cercana al espíritu de la expresión la *MC* XIV.

50 Cf. *DL*, X, 118.

51 Salem (2013:168) propone que se caracterice a la filosofía política epicúrea como impolítica en el sentido de Freund; y Long y Sedley (1987: 137), como crítica selectiva y radical de la política de la época.

52 Cf. Roskam (2013).

el punto de vista del autor se hacía incluso más ostensible. El rechazo de Plutarco se expresó, igualmente, en sus sentenciosos ataques, carentes, no obstante, de rigor argumental; como cuando afirmaba que la vida predicada por Epicuro era más propia de una ostra o del tronco de un árbol que de hombres que viven en una comunidad.[53] Como platónico convencido del valor de la intervención del filósofo en tanto rey y educador dentro de la vida política de la ciudad, Plutarco consideraba —manteniéndose fiel a su maestro— que únicamente el filósofo podía garantizar que los gobernantes fueran educados en la virtud. A ello se suma el hecho histórico de que el mismo Plutarco ocupó en su vida una serie de cargos políticos.[54] Quizás estas circunstancias biográficas puedan contribuir también, en algún punto, a la comprensión de su condena de una vida retirada y orientada exclusivamente a la consecución de la tranquilidad del alma, la serenidad del cuerpo y el placer racional, tal como proponía la filosofía epicúrea.

No carece de fundamento la afirmación de que Epicuro haya intentado disuadir a sus seguidores de una intervención en la vida pública. No hay que olvidar que, desde su perspectiva, los deseos que motivan a la participación política no son naturales ni necesarios y, en tal sentido, traen como consecuencia dolores aun mayores a los placeres que propician. En definitiva, para el Maestro del Jardín, el mantenimiento de la tranquilidad de la propia alma solo puede darse si hay una seguridad (*aspháleia*) que contribuya con este fin;[55] la cual es, claro está, una condición para llegar a la *ataraxía*. Por lo tanto, la intervención en la turbulenta vida política difícilmente podría contribuir con ella. Existen, empero, algunos fragmentos y testimonios en los que Epicuro alentaba la participación política de forma excepcional;[56] es decir, reconocer su desconfianza y su propio desinterés por la participación en los asuntos de la ciudad, no es motivo suficiente para afirmar que la política estaba por completo ausente de su filosofía.[57]

---

53 Cf. Plutarco, *De tuenda sanitate*, 135 B.

54 Cf. Carrière (1977:237-251).

55 Cf. *MC* VII y XIV; Barigazzi (1983:73-92); Schofield (1999:739-770); Roskam (2007:37-40).

56 Cf. Séneca, *Dial.* VIII, 3, 2-3 = Us.9; Cic., *Rep.* I, 10 y I, 11; Roskam (2007:50-56); (2007:37-40).

57 Cf. Salem (1994:140); Long y Sedley (2001:137).

Al respecto, el testimonio que Plutarco brinda en un pasaje del *Contra Colotes* 1124D resulta medular, porque incluso allí queda expuesta —y hasta con peculiar contundencia— la innegable preocupación epicúrea por la política:

> Los hombres que instituyeron las leyes y usos establecidos y el gobierno de las ciudades por reyes y magistrados procuraron a la vida humana un estado de gran seguridad y tranquilidad y la defendieron de las turbaciones. Pero si alguien elimina estas cosas, vamos a vivir una vida de bestias, y cualquier persona que topa con otra por poco menos la devorará.

Aunque el texto no remite de manera exacta a la obra de Epicuro, expresa doctrinas de éste y también de algunos epicúreos posteriores —como hemos visto en los ya analizados fragmentos de Hermarco y en el poema filosófico de Lucrecio—, ya que todos ellos establecen una estrecha relación entre el proceso civilizatorio humano y el surgimiento de la legislación como garante de la seguridad (*aspháleia*).[58] Además, como también hemos visto, no resulta extraño a la doctrina epicúrea considerar a la legislación como propiciatoria de una vida de tranquilidad para los hombres; sin legislación, la vida se tornaría bestial y no tardaría en transformarse en una guerra de todos contra todos.[59] Pero la interpretación de Plutarco, hay que decirlo, distorsiona los argumentos, cuando infiere por esta sentencia que son los epicúreos quienes necesitan de la ley para no llevar ellos mismos una vida animal que solo podría culminar convirtiéndolos en los devoradores de sus vecinos más próximos.[60]

Contra esta interpretación insidiosa de Plutarco, Juan Estobeo ofrece una definición del verdadero espíritu que los epicúreos otorgan a la ley, en un fragmento que vale la pena citar y en el que se recupera el sentido de la seguridad (*aspháleia*):

> [...] las leyes no están para que los sabios no cometan injusticia, sino para que no la padezcan.[61]

---

58 Cf. Hermarco (Porfirio, *De la abstinencia*, I, 7,1-12,6); Lucrecio, *DRN*, V, 1019-1020 y 1144-1150.

59 Cf. Epicteto, *Disertaciones*, II, 20, 6 = Us.523; Lactancio, *Divinae Institutiones*, III, 17, 42 = Us.540; Lactancio, *Divinae Institutiones*, III, 17, 39 = Us.581.

60 Cf. Plutarco, *Contra Colotes*, 1125a.

61 Cf. Juan Estobeo, IV, 1, 143 = Us.530; Diógenes de Enoanda, *fr.* 59, I, 2-12.

Además, como oportunamente lo testimonió Hermarco, cuando los hombres comprenden y toman el camino de la *ataraxía*, ya no hay necesidad de ninguna ley.[62]

La sesgada interpretación de Plutarco defendía, igualmente, que ni los seguidores de Heráclito, ni los de Sócrates o Platón retornarían a una vida animal aunque se abolieran las leyes, pues honraban a la justicia en sí misma y por sí misma.[63] Pero los epicúreos, que no creían en la providencia ni en nada que no estuviera asociado al placer y proponían el ateísmo, sin el imperio de la ley serían arrastrados, sin duda, por los caminos del exceso.[64]

En conclusión, Plutarco atribuye al ateísmo y al hedonismo el carácter de causas teóricas últimas que impiden a los epicúreos integrarse en una comunidad de iguales, tanto como ser capaces de fundamentar un ideal de vida sostenido en la justicia.[65] En tal sentido, nunca podrán, a su juicio, participar de la vida política. Con todo, parece acertado afirmar, en virtud de lo expuesto aquí, que la crítica plutarquea no logra sustanciar la acusación de la inexistencia de una filosofía política epicúrea, ni mucho menos establecer la significación fundamental del retiro de la vida política aconsejado por Epicuro.

Por lo dicho, no sólo consideramos que la política epicúrea es un aspecto insoslayable de su filosofía, sino que nos hallamos en condiciones de mostrar que es la noción de justicia la que se encuentra en el corazón mismo de aquella.

3. La polémica sobre *phýsis* y *nómos*

3.1. Presentación del problema en Epicuro

Postular un fundamento natural y, a la vez, convencional de la justicia ha constituido uno de los problemas canónicos con que debió enfrentarse la filosofía de Epicuro. Aunque resulte paradojal, esa afirmación del doble fundamento de la justicia se sustenta

62 Cf. Hermarco, Porfirio, *De la abstinencia,* I, 8, 4.

63 Cf. Plutarco, *Contra Colotes,* 1124 E.

64 Cf. Plutarco, *Contra Colotes,* 1125 A.

65 Cf. Plutarco, *Contra Colotes,* 1125 C-1127 C; *Sobre la imposibilidad de vivir placenteramente según Epicuro*, 1098; Cicerón, *Sobre el orador* 3, 64; Epicteto, *Disertaciones* II, 20, VI 20 y XVII-XIX; Lactancio, *Divinae Institutiones* III, 17, 39-43.

en una gran fuerza argumentativa. La misma que el Maestro del Jardín había mostrado al tratar otro problema capital de su ética, según el cual, aunque la naturaleza no posea en sí sentido teleológico alguno, es necesario que el hombre conforme a ella su obrar con el propósito de determinar para su vida un fin adecuado.[66] En esta perspectiva, los límites naturales indican a los hombres lo que se puede elegir y lo que se ha de rechazar para que el placer se constituya en el principio y el fin de una vida feliz.

Lejos de pensar la relación entre *phýsis* y *nómos* con respecto al concepto de justicia desde el punto de vista del conflicto —como lo hicieron los filósofos durante la polémica que recorrió el siglo V a.C.—, nuestra propuesta interpretativa procura dilucidar la equilibrada articulación entre ellos que sustentó Epicuro. En tal sentido, se impone analizar el vínculo entre los niveles semántico, filosófico y especulativo del concepto de justicia de Epicuro e investigar el modo en que se coordinan en su reflexión las dimensiones natural (*phýsis*) y convencional (*nómos*).

3.2. La polémica sobre naturaleza y convención

Las dificultades de comprensión del concepto de justicia epicúreo nos han llevado a examinar el conflicto entre *phýsis* y *nómos* tal como se dio en el siglo V y a principios del IV a.C. En cuanto al valor semántico de los términos involucrados, la palabra *phýsis*, sustantivo abstracto en –sis,[67] se hacía derivar en la antigüedad del verbo *phýein-phýesthai*; por ello, se la relacionó con los significados de *crecer, formarse* y *venir al mundo.* Desde otro punto de vista, surgieron, posteriormente, teorías que le atribuyeron un origen en *éphyn/péphyka*, que cubre el campo semántico de *eînai*, es decir, *ser*; no obstante, el sentido de *génesis* por el que se establece una diferencia entre *llegar a ser* y *ser*[68] fue registrado de manera tardía.

Se suele atribuir a los *physiologoí* —tal como los llamó Aristóteles— el haber descubierto el concepto de *phýsis*. Este tuvo, desde el comienzo —aun cuando no fuera un término técnico—, una gravitación propia por su virtud de sugerir que las cosas *na-*

---

66 Cf. *MC* XXV.

67 Sobre el valor semántico de la terminación -*sis*. Cf. Jaeger (1952:199).

68 Cf. Aristóteles, *Met.* 1014 b, 16.

cen, crecen, se *desarrollan* y *mueren.*[69] Además de aludir a la cadena de seres que conforman un todo, expresaba, asimismo, la fuente a partir de la cual emergían todas las cosas; pero no solo en el sentido de constituir su materia originaria sino, también, en el de ser el poder activo a lo largo de todo el proceso del devenir.[70] En esta dirección, los *Perí phýseo̱s historía* —entendidos en su traducción corriente como *la investigación sobre la naturaleza*— pueden ser leídos como un manifiesto en el cual se expresa de modo elocuente la ambición de los primeros que filosofaron por constituir un saber profundo y universal. Al respecto afirmaba Sócrates, en *Fedón,* no sin cierta ironía: "Cuando era joven, Cebes, sentía una asombrosa ansiedad por esa sabiduría que llaman investigación de la naturaleza, pues me parecía que era algo sublime conocer las causas de cada cosa: por qué se genera, por qué se destruye y por qué existe cada cosa".[71]

Aunque resulta inobjetable la gravitación del concepto de *phýsis* en la gran tradición del pensamiento antiguo, no es menos importante el lugar ocupado por el otro término de la polémica de la cual tratamos aquí: el *nómos.* El *Diccionario de Chantraine* nos informa que remite a la raíz *nom-/men-,* y que se deriva del verbo *némo,* más precisamente, del acto de *némein.* Así, según la voz en la que se encuentre el verbo, puede significar acciones diferentes; por ejemplo, en la voz activa, tiene el sentido de *atribuir, repartir según el uso o la conveniencia* —y de allí *némesis,* entendida como *retribución* y también como *castigo*—. Los otros significados posibles son los de *tener su parte, usar la parte atribuida, creer, reconocer como verdadero,* y corresponden a la voz media. Ya bajo la forma de sustantivo, encontramos *nomós* —acentuada en la última sílaba— y *nómos* —acentuada en la primera sílaba—. Mientras *nomós* designaba el *lugar repartido, lo dividido en parcelas,* o bien el *lugar de pastoreo,*[72] *nómos,* utilizada para nombrar un *lugar acostumbrado,* derivó, tras cierto tiempo, en el significado de regla, uso, costumbre, ley. Hacia el inicio del siglo V a.C., y de modo progresivo, este último término reemplazó al arcaico *thesmós,* que era utilizado

---

69 Cf. Aristóteles, *Fís.* III 4, 203 b; *Met.* I, 8, 989.

70 Cf. Heráclito, *DK* B1; Empédocles, *DK* B 8.

71 Cf. Platón, *Fedón* 96a, 8-10.

72 Se registra en Homero en un sentido metafórico *Il.,* XX, 249.

para designar el criterio con el cual se efectuaba esa repartición de las tierras. Conviene, asimismo, recordar los argumentos de Kerferd, quien subraya que *nómos* no era una palabra exclusivamente descriptiva de una costumbre en vigencia, sino que, a la vez, constituía una auténtica prescripción que obligaba a la acción de las personas o las cosas.[73]

Los conceptos de *phýsis* y *nómos* no entraron en conflicto hasta la sofística. Prueba de ello es que, en el tratado del *Corpus Hipocraticum* titulado *Sobre los aires, aguas y lugares*, se registraba todavía la cooperación de las nociones. Este tratado tenía en cuenta la influencia del medio en las condiciones físicas del hombre. Por ello resulta sugerente que el hombre fuera percibido allí como una *phýsis toû ánthropou*, pues significaba que el ser humano, en su escala, reproducía la totalidad de la naturaleza (*phýsis toû pántos*).[74] No obstante, en el *Sobre la Dieta* I, ya se afirmaba que "el *nómos* y la *phýsis*, por los cuales hacemos todo, no concuerdan concordando [...]. [E]l *nómos* lo han establecido los hombres; (...) la *phýsis* son los dioses los que la han ordenado".[75]

El nexo que une *tò nómimon* —lo legal— y *tò díkaion* —lo justo—, y el modo en que este nexo se expresó en toda la cultura griega —especialmente, a través de la poesía de Hesíodo,[76] y también en las tragedias de Esquilo, como, por ejemplo, en *Euménides*— ha sido estudiado en detalle.[77] No obstante, fue en *Antígona* —compuesta por Sófocles en el siglo V a.C.— donde la tragedia declaró desde el inicio el conflicto: "no es verdad que Creonte ha honrado con exequias a uno de nuestros hermanos y ha dejado, en cambio, al otro sin honra? A Eteocles, según dicen, válido de justa ley (*díkẹ*) y costumbre (*nómos*), sepultó bajo tierra de modo honroso para los muertos de allí abajo; en cambio, al cuerpo de Polinices, muerto lastimosamente, dicen que a los ciudadanos proclamó en un edicto que nadie le dé sepultura ni le llore".[78] El no lograr "entretejer las

---

73 Cf. Kerferd (1981:112).

74 Cf. Hipócrates, *Sobre los aires, aguas y lugares*, I, II, I: 71-72.

75 Cf. Hipócrates, *Sobre la Dieta*, VI, 486 y VI, 477, y en igual sentido, *Sobre el arte*, VI, 5.

76 Cf. Hesíodo, *Teogonía*, vv. 902 ss. y *Trabajos y Días*, vv. 220 y 256 y ss.

77 Cf. Esquilo, *Euménides*, vv. 483-484; vv. 571-572.

78 Cf. Sófocles, *Antígona*, vv. 23 y ss. y v.450.

leyes de la tierra y la justicia juramentada de los dioses" dio inicio a una polémica que signó toda la filosofía posterior.[79]

En efecto, el conflicto entre *phýsis* y *nómos* que, probablemente, fue introducido por Arquelao, perduró, en el transcurrir del pensamiento filosófico, como problema de la filosofía política.[80] En tal sentido, la propuesta exegética de Guthrie distinguió entre tres posiciones. Para ejemplificar el caso en el que la *phýsis* prevalecía frente al *nómos* como fundamento de la vida en común, Guthrie apeló al Calicles del *Gorgias*, de Platón. Calicles sostenía que la justicia consiste en el dominio del más fuerte sobre el más débil, puesto que es expresión auténtica de la ley de la naturaleza (*nómon tḗs phýseōs*).[81] Para ilustrar el predominio del *nómos* frente a la *phýsis*, en cambio, el especialista inglés escogió, entre otros, un ejemplo de Protágoras; la originalidad del sofista consiste, precisamente, en haber considerado que, en la naturaleza (*phýsis*), los individuos, sujetos al flujo de la realidad, solo pueden adquirir verdades relativas a ellos mismos. Estos individuos, no obstante, al entrar en interacción social y desarrollar la cultura (*nómos*) mediante técnicas y conductas objetivas, tienden al cuidado de la vida humana dentro de la sociedad.[82] La narración acerca de ese tránsito desde la *phýsis* al *nómos* que conduce al predominio de este último se halla referida por Protágoras en su recreación del mito de Prometeo.[83] Guthrie expone, finalmente, una tercera posición existente dentro del movimiento sofístico con respecto a este conflicto: una suerte de realismo práctico o pragmático; en dicho esquema, el más poderoso es aquel que se aprovecha del más débil y da el nombre de ley y justicia a todo lo que establece o dictamina a favor de sus propios intereses.[84]

4. Naturaleza y convención en Epicuro

Para Epicuro, si algo le ha revelado a los hombres la ciencia de la naturaleza (*physiología*), es que esta —la naturaleza— no posee

---

79 Cf. Sófocles, *Antígona*, vv. 366 y ss.

80 Cf. *DL*, II, 16.

81 Cf. Platón, *Gorgias*, 483 e 4-5; Aristóteles, *Sobre las Refutaciones Sofísticas*, 173 a2.

82 Cf. Cappelletti (1987).

83 Cf. Platón, *Protágoras*, 320 c -323 a.

84 Cf. Guthrie (1994:69).

ni intenciones ni valores. A diferencia de otras escuelas filosóficas, por lo tanto, el epicureísmo considera que la naturaleza no puede ofrecer a los hombres, y tampoco a las comunidades humanas, normatividad alguna. Annas, al referirse a este aspecto del problema, lamenta que Epicuro no haya desarrollado una teoría de la naturaleza en general, y de la naturaleza humana en particular, que permita comprender con más exactitud la ética epicúrea. Por ello, sostiene que la idea de naturaleza, lejos de constituir un concepto técnico, tiene —tal como se puede discernir en los escritos éticos del epicureísmo— un significado que obedece, meramente, a las aplicaciones del sentido común.[85]

Nussbaum, por otra parte, construye su argumento sobre la relación entre *phýsis* y *nómos* a partir de los testimonios de Cicerón y de Sexto Empírico. En su conocido libro *La terapia del deseo*, la autora defiende la hipótesis de que el fin de la ética epicúrea es permitir al individuo vivir la inmediatez de los estados corporales como lo haría una criatura que estuviese a salvo de las falsas opiniones propiciadas por la enseñanza social. Así, el argumento de la cuna, tal como fue expuesto por Brunschwig, resulta para Nussbaum testimonio suficiente. A su juicio, la verdad del cuerpo en Epicuro es contundente; por lo cual, todo razonamiento solo posee un valor instrumental: el de restablecer la salud del alma y del cuerpo. La reconocida helenista estadounidense encuentra, de este modo, que la ciencia epicúrea es terapéuticamente útil, aunque cuestionable desde el punto de vista de su objetividad y de su corrección epistémica. En definitiva —desde la perspectiva de Nussbaum—, la deliberada posición antintelectualista del filósofo del Jardín desemboca de modo consecuente en un primitivismo.[86] Así pues, la ciencia epicúrea de la naturaleza no somete a verificación nada de lo que investiga porque solo tiene que exhortar al discípulo a un cambio de vida.

Ahora bien, sostener junto con Annas que la neutralidad axiológica de la naturaleza en Epicuro se comprende mejor a condición de quitarle todo registro de objetividad científica y de reducirla a una actividad meramente intuitiva no parece encontrar un adecuado fundamento en los fragmentos y testimonios sobre el

85 Cf. Annas (1996:302).

86 Cf. Nussbaum (2003:143-153).

Maestro y los epicúreos en general. Es decir, aun cuando puede afirmarse que la epistemología epicúrea no se propone como finalidad última el conocimiento en sí,[87] ello no obsta reconocer el carácter sutil y aquilatado de su argumentación científica. Por esto mismo, tampoco parecen atendibles los argumentos de Nussbaum acerca de la pobreza conceptual y la falta de rigor de la filosofía epicúrea, cuestión a la que la autora atribuye el fundamento de su interpretación de un retorno primitivo a la naturaleza.

Por el contrario, entendemos —como ya se señaló en distintos momentos de nuestra exposición— que la ética epicúrea adquiere su fuerza explicativa y su singularidad, precisamente, gracias a la constante aplicación, como fundamento de ella, del método inferencial —que surge de la unión de la intuición natural del placer con el sobrio razonamiento—.[88] En definitiva, tanto las fuentes como los diversos análisis críticos ratifican que una propuesta central de la filosofía de Epicuro consiste en instar al hombre a vivir en conformidad con la naturaleza. No obstante, la mediación de la razón es la que permite que se distingan los fenómenos naturales de aquellos que han sido causados por el hombre y que quedan bajo su responsabilidad. Así pues, en el plano de la ética, la evidencia natural del placer es orientada por la mediación adecuada del cálculo racional y de la virtud de la *phrónēsis*.[89] Debemos insistir: sin la mediación racional, lo natural del placer quedaría atrapado en su falta de finalidad e intención.[90]

En este sentido, puede concluirse, además, que la filosofía epicúrea es una filosofía del límite (*péras, hóros*), noción que atraviesa transversalmente todas sus dimensiones: la canónica, la física y la ética. Desde nuestra perspectiva, como se adelantó, el naturalismo epicúreo es mínimo, lo cual supone que la *phýsis* no funciona como criterio absoluto de una justicia inmutable; y menos aún como legisladora.[91] Es decir, nunca podría ser su tarea llevar adelante ni la legitimación de las acciones de los hombres ni la de los asuntos referidos a la justicia. Igualmente, resulta oportuno recordar que

---

87 Cf. *SV* 45; *Ep. Her*, §82-§83; *Ep. Pít*, §85-§88.

88 Cf. *Ep. Her*, §38.

89 Cf *Ep. Men*, §132.

90 Cf. Morel (2013:251-263); Long (2006:202-220).

91 Cf. *MC* XXXI.

para Epicuro el concepto de *phýsis* se refiere a la constitución natural de todas las cosas —al menos así se desprende de sendos pasajes de la *Epístola a Heródoto*—,[92] y es por ello que lo justo tiene un estatuto ontológico que requiere delimitarse en relación con la naturaleza.

Epicuro no ingresó al debate clásico del siglo V a.C. sobre *phýsis* y *nómos*. En todo caso, lo sumó como un tópico para fundamentar su concepto de justicia que, una vez más, se presenta como una conclusión coherente con la totalidad de su filosofía. Es por ello que el Maestro define la justicia como un contrato acorde a la naturaleza.

4.1. Máxima Capital XXXI. Lo justo por naturaleza

La *Máxima Capital* XXXI abre la posibilidad de que la fundamentación epicúrea de la justicia se halle solo en la naturaleza. Pero ¿en qué medida la *phýsis* se presenta realmente como sostén del concepto de justicia en la argumentación de Epicuro? Recordemos su texto:

> Lo justo por naturaleza (*tò tȩ̂s phýseǫs dikaión*) es el símbolo (*sýmbolon*) de la utilidad (*tò symphérontos*) que encontramos en no hacer daños ni sufrirlos recíprocamente.

Para Bollack, el genitivo *tȩ̂s phýseǫs* es el que ha suscitado los mayores problemas de traducción. Las versiones de Arrighetti —*il diritto secondo natura*—; la de Müller —*das der Natur gemässe Recht*—; la de Philippson —quien hace equivaler *das Recht der Natur* y *das Naturrecht*—; o la de Bignone —*il diritto di natura*— ofrecen sobrada prueba de ello.[93] De cualquier modo, no son sino variantes de la interpretación de Zeller,[94] quien sostuvo la existencia de un derecho por naturaleza. Goldschmidt, en cambio, asume la perspectiva del positivismo jurídico, y elige traducir mediante la expresión: "el derecho es según su naturaleza". Por vías distintas van quienes intentan posibilitar una visión intermedia; Conche opta por el sintagma *le droit de la nature* (el derecho de la naturale-

92 Cf. *Ep. Her*, §73; §77.

93 Cf. Bollack (1975:353).

94 Cf. Zeller (1909:472).

za); Balaudé traduce *le juste de la nature* (lo justo de la naturaleza); y Long y Sedley adoptan la expresión *Nature's justice* (justicia de la naturaleza). No menos problemático ha sido el término *sýmbolon*, que Bollack propone traducir como *contrepartie*, mientras Goldschmidt entiende que es más ajustado valerse del término *règle* (regla). Conche recurre a la expresión *moyen de reconnaître* (medio de reconocimiento); y Long y Sedley, finalmente, eligen el término *guarantee* (garantía),[95] seguidos por Balaude: *garantie*.[96]

Debe recordarse, sin embargo, que la justicia para Epicuro tiene un carácter innegablemente convencional, ya que —como nos proponemos demostrar en análisis subsiguientes— se basa en un contrato entendido como mutuo consentimiento entre los hombres.

Ahora bien, la traducción *derecho natural* introduce una distinción entre el derecho natural y el derecho positivo que no resulta procedente para interpretar al Maestro del Jardín. Está claro que lo justo se ubica por fuera de una relación con el derecho positivo, por lo tanto, nunca podría significar el cumplimiento de un imperativo que, mediante una ley o regla, ordenara seguir los dictámenes de la naturaleza. Como apunta acertadamente Morel, el oxímoron *phýsis/sýmbolon* propuesto por Epicuro le permite tomar distancia de la perspectiva consagrada por la tradición naturalista.[97] Así pues, el lexema *sýmbolon* habría que entenderlo en un sentido primigenio, como Bollack sugiere, como contraparte. En la lengua griega, este término indicaba la mitad quebrada de un todo que permite un mutuo *reconocimiento*.[98] Esta noción de reconocimiento se halla implicada en el pronombre *allḗlous*; refiere a un acto constitutivo de las sociedades, pues los hombres extraen un gran beneficio de pertenecer a una comunidad en la cual tratan de no sufrir daños ni, en contraparte, cometerlos. En este sentido, resulta significativa la opción de interpretar *sýmbolon* como contrapartida; al reconocerse, los hombres interactúan y se comportan como miembros de una ciudad.

95 Cf. Long y Sedley (2008:253).

96 Cf. Balaudé (1994:205).

97 Cf. Morel (2007:176-177).

98 Cf. Bollack (1975:355).

Paradójicamnete, esta *Máxima* ha sido utilizada por igual para abonar la tesis del convencionalismo. Zeller es uno de sus exponentes; interpreta que las leyes, *al haber sido establecidas por los sabios* —no para prevenirse de obrar el mal, sino para evitarse padecerlo—, resultan contranaturales.[99] Desde su perspectiva, la existencia de un estado natural primitivo de carácter universal opera como el telón de fondo sobre el que se destaca la multiplicidad de acuerdos y convenciones que, posteriormente, han de establecerse entre los particulares. En consonancia, y haciendo gala de su habitual precisión, Bollack indica que "para Zeller la institución de las leyes constituye un acto tético y arbitrario".[100]

Arrighetti acuerda con Zeller, pero propone una distinción entre *díkaion* y *dikaiosýnē* para diferenciar lo justo que es *en sí* —pues se funda en la *phýsis*— de la justicia —que reviste para él un carácter convencional—. Esta distinción resulta igualmente operativa al discernir entre la propiedad común e inmutable del derecho natural y las situaciones particulares para las que legisla el derecho positivo.[101] Sin embargo, desde un punto de vista filológico, la hipótesis no se sustenta; en ninguna de las *Máximas* surge este tipo de diferenciación.

Müller entra en la discusión a través de su defensa de la prioridad convencionalista. Por un lado, acota el carácter natural de la justicia a la utilidad que tiene para los hombres instituir una determinada ley; por otro, postula que lo convencional emana del contrato suscripto por los hombres a fin de satisfacer los deseos naturales y necesarios de cada uno de ellos. A juicio del autor, Epicuro logra sobrepasar con perspicacia la antítesis *phýsis/nómos* al restringir la relación de la justicia con la naturaleza y hacer del todo claro que no es posible derivar el derecho de forma directa de ella. Müller rechaza, por lo tanto, toda posibilidad de afirmar una fundamentación universal y natural del derecho en la filosofía de Epicuro.[102]

En cuanto a este problema, no puede soslayarse el aporte efectuado por Strauss en su libro *Derecho e Historia*. Con la intención

---

99 Cf. Juan Estobeo, *Antología*, 43, 139 = Us.530.

100 Cf. Bollack (1975:357).

101 Cf. Arrighetti (1973:503-504).

102 Cf. Müller (1969:305-318).

de investigar los principios inmutables de la justicia —y con vistas a refundar el racionalismo político—, el autor discurrió en torno a lo justo a partir de la polémica sobre naturaleza y convención.[103] Según el filósofo, las normas morales y las leyes de la justicia, tras una larga historia, han terminado por adoptar, generalizadamente, una fundamentación subjetiva. A su juicio, ello se debe al pensamiento y a la acción combinados de tres grandes tendencias privilegiadas dentro de la filosofía occidental, a saber, el historicismo, el positivismo y el convencionalismo. De este modo, en la interpretación straussiana, Epicuro se constituye en el iniciador del convencionalismo jurídico, que se sustenta en su materialismo ontológico. Su peculiar perspectiva se nutrió, asimismo, del análisis de un parágrafo de *Las leyes*, 889a-890a, en el que Platón se esforzaba por caracterizar el materialismo, y mostraba que, desde ese punto de vista, todas las cosas aparecían como producto de la naturaleza y del azar. Las cosas de menor importancia se originaban a partir de la primera generación de la naturaleza, y era sobre estas que se podían construir las otras, llamadas artificiales. Al respecto, Strauss subraya la conclusión platónica acerca de que "la política tiene una pequeña porción en común con la naturaleza, mientras que la cuota mayor la comparte con el arte; y así también la legislación entera, cuyas convenciones no son verdaderas, no tiene nada en común con la naturaleza sino con el arte".[104] Según Strauss, pues, Epicuro, en tanto exponente del materialismo, comprende que la justicia tiene una parte natural, aunque es, mayormente, fruto de la convención. La *Máxima Capital* XXXI se explica, así, con mayor precisión si se la juzga a la luz del pasaje platónico de *Las Leyes*. Finalmente, el teórico político alemán señala que la tensión entre naturalismo y convencionalismo en Epicuro queda mejor expuesta si se compara la justicia con la amistad (*philía*). Aunque ambas nociones se originan en el razonamiento, mientras la amistad es deseable por sí misma e incompatible con el deber, la justicia, en cambio, solo se sostiene en la obligación —por lo cual resulta ser de suyo desagradable y no elegible—. Así, cuando Strauss traduce la *Máxima Capital* XXXI como "El derecho o la justicia de la naturaleza es un *sýmbolon* de

103 Cf. Strauss (2000:156-158).

104 Cf. Platón, *Leyes*, 889a-890a.

la ventaja derivada del rechazo de los hombres a la *violencia*",[105] implica la inexistencia de un derecho natural como anterior al derecho positivo y refuerza su lectura convencionalista de Epicuro, al atribuir al Maestro del Jardín la definición del derecho de naturaleza en términos de función universal. Para el filósofo alemán —en contra de las opiniones dominantes sobre este tópico—, el *derecho de la naturaleza* epicúreo equivale, por tanto, a "la naturaleza del derecho" (*Máxima Capital* XXXVII).

Esta última expresión, *la naturaleza del derecho*, puesta en boca de Glaucón en *República* 359 b 4-5, constituye para Strauss la síntesis más acertada del rasgo que identifica a las diversas modulaciones de la doctrina convencionalista, dentro de la cual se distinguen —a su criterio— dos especies, una de índole vulgar y otra de índole filosófica.[106] Ambas otorgan un carácter natural a que cada individuo tenga como fin último su propio bien; sin embargo, difieren en un aspecto fundamental. Para el convencionalismo vulgar, atender al bien de otro no es algo que corresponda por naturaleza —y esta acción, por tanto, no puede ser sino convencional—; el convencionalismo filosófico, en cambio, rechaza derivar la acción egoísta directamente de la naturaleza humana. Considera, además, que los bienes que proporcionan la riqueza, el poder y el gusto no se identifican con una vida conforme a la naturaleza, y de esta manera, niega que la vida del tirano —en tanto figura que representa el velar solo por el propio bien— sea la mejor de las vidas posibles. En definitiva, el aporte del trabajo hermenéutico de Strauss resulta en una clarificación de las implicaciones de aquello que se enuncia como *derecho natural,* ya que demuestra que tal expresión bien puede hallarse al servicio de argumentos de corte convencionalista.

Otra posición no menos significativa que la de Strauss es la adoptada por Goldschmidt;[107] este rechaza la tradición que, siguiendo la tesis convencionalista, pretende explicar sin más el concepto epicúreo de justicia. Asimismo, aun cuando no le niega cierta cuota de convencionalismo, destaca las ventajas que ofrecería profundizar la posición de Zeller sobre el eje de la polémica

---

105 Cf. Strauss (2000:158 nota 4). El subrayado es nuestro; tiene como propósito resaltar un término que no aparece en el original griego ni tampoco en otras traducciones.

106 Cf. Strauss (2000:159-165).

107 Cf. Goldschmidt (1977).

entre *phýsis* y *nómos*.[108] Para Goldschmidt, el ideal de justicia epicúreo no puede establecerse a partir del análisis de su origen, sino que se deben indagar las cualidades que lo caracterizan, pues son ellas las que permiten pronunciarse en favor de la prioridad del carácter convencional de la justicia sobre la base de la utilidad. El término *sýmbolon* (*Máxima Capital* XXXI) —tan discutido, como ya se vio, por los especialistas— expresaría, al parecer de Goldschmidt, la utilidad del pacto, en la medida en que tanto puede significar *signo* como *pacto* o *garantía*. El autor indica que "el derecho según su naturaleza es y no puede ser sino el derecho positivo" y, en esta línea, rechaza que Epicuro pudiera conceptualizar la justicia sin presuponer un esquema contractual capaz de establecer reglas de interés comunes.[109]

Tras esta exposición, conviene considerar, ahora, la perspectiva naturalista. Según esta, el derecho y la justicia se fundamentan en la naturaleza, y solo en ella puede fundarse el marco normativo y de universalización de todas las leyes y costumbres de la *pólis*. Phillipson ha sido el primero en señalar que, en la filosofía epicúrea, la *phýsis* —naturaleza— es la que fija una generalidad a la que la justicia debe atenerse. Así, se centra en *la Máxima Capital* XXXI para justificar la interpretación de la expresión *katà phýsin* —según naturaleza—[110] por la cual la justicia queda definida como una disposición natural. También Bailey ha propuesto un examen exhaustivo de los conceptos de naturaleza y de placer con la finalidad de señalar la identificación que Epicuro establece entre ambos. De este modo, concluye que la justicia es natural, pues se trata de un acuerdo que el hombre establece con la naturaleza y que contribuye al placer.

Ahora bien, desde nuestra perspectiva, y siguiendo a Morel, el concepto de *phýsis* en la filosofía epicúrea requiere de una nueva indagación para determinar sus relaciones con el concepto de justicia —*dikaiosýnḛ*—. No debe olvidarse que, para Epicuro, la *phýsis* define —en oposición a las propiedades y los accidentes— no solo a la naturaleza completa de lo que existe *per se*, sino, por extensión, también a la totalidad de las cosas que se logran con-

108 Cf. Zeller (1909).

109 Cf. Goldschmidt (1977:244-246).

110 Cf. Philippson (1910:289).

formar. Además, esta totalidad que es la *phýsis* implica, por sí y en sí misma, un orden.[111] No obstante, según Plutarco, se trata de una concepción inapropiada porque, desde su perspectiva, la naturaleza epicúrea es inerte y no ostenta ningún orden. En efecto, el filósofo académico afirma que la *phýsis* epicúrea, al no referir sino a principios insensibles o no vivientes —como los de átomos y vacío—, no puede hallarse nunca sujeta a procesos vitales —como los de generación y corrupción— que son los que patentizan la regularidad natural.[112] Su crítica es, sin duda, infundada; la transformación de la naturaleza sensible, tal como la describe Epicuro, es causada, precisamente, por movimientos primordiales y vitales de los átomos en el vacío que tienen como mayor manifestación su regularidad. La visión de Plutarco está muy lejos del clamor lucreciano ante el genio de Epicuro, quien, a los ojos del latino, fue el único que en verdad logró descorrer los velos de la *natura*: *divina voluptas atque horror*.[113]

Cierto es que la falta de finalidad de la naturaleza causa espanto, pero en ningún caso debe llevar a los hombres ni a asumir su divinización ni, mucho menos, a sentirse aterrorizados por ella. En tal sentido, los pactos de la naturaleza (*foedera naturae*) descritos por Lucrecio ponen de manifiesto el movimiento regular que siguen las transformaciones de las cosas dentro de un orden propio. El poeta lo expresa con estas palabras: "el movimiento es el mismo que ha sido en el pasado y seguidamente en el tiempo, y en dicho movimiento el cuerpo y los principios serán llevados del mismo modo, y lo que tiene costumbre de nacer nacerá en las misma condiciones, [con lo cual] existirá, crecerá, tomará fuerza en la medida de lo que a cada uno le ha sido concedido por los pactos de la naturaleza".[114] Esta última constituye una totalidad englobante, y solo su conocimiento aleja a los hombres de adjudicarle intencionalidades, causalidades finales, o bien, de divinizarla. Por contrapartida, Lucrecio observa que las diversas acciones inadecuadas que los hombres llevan adelante tienen como único fin distanciarlos de todo aquello que los atemoriza. Los pactos de

---

111 Epicuro, *Ep. Her*, §39-40, §41, §48- §49; §68-69; §70-71; §75; §83; *Ep. Pit*, §86; §90; §113; §115. *Ep. Men*, §128-129.

112 Cf. Plutarco, *Contra Colotes*, 1112 D-F.

113 Cf. Lucrecio, *DRN*, III, 28-29.

114 Cf. Lucrecio, *DRN*, II, 302 y V, 310. Cf. Droz-Vincent (1996).

la naturaleza, por lo tanto, deben entenderse como un lazo que unifica en su integridad el conjunto de los fenómenos; así, ella es comprendida como una totalidad que entrelaza la diversidad de las cosas, pero no en una relación necesaria, sino por una ligazón que no deja de manifestar su contingencia.[115] Como hemos visto, la transformación y los cambios de las cosas de la naturaleza, sin dejar de ser contingentes, tienen reglas que son inmanentes; en esta vía de razonamiento, resultaría del todo inadecuado pensar al artefacto jurídico creado por los hombres ya como opuesto a la naturaleza, ya como fundado en ella.[116]

Tras considerar todos los aspectos reseñados, podemos concluir que lo justo es un artificio producido por los hombres que, sin embargo, no rompe con la naturaleza. No se asienta en un derecho natural concebido como criterio de justicia absoluto, inmutable y trascendente, y tampoco puede interpretarse en tanto adecuación o conformidad entre las leyes positivas y la naturaleza. Aun así, hace converger las necesidades, capacidades y circunstancias propias de cada ser humano que, en su interacción con los otros, procura no dañar y no resultar dañado.

Los pactos de la naturaleza rigen un devenir organizado que incluye al artificio de la justicia. Así, el lenguaje y la justicia han sido interpretados por el Maestro y sus seguidores como artefactos isomorfos respecto de su origen y desarrollo; al primero —el origen— se lo refiere directamente a la naturaleza,[117] y al segundo —el desarrollo— a la convención. Los hombres, con relación al lenguaje, habrían acordado, en función de sus necesidades, nombrar específicamente aquello que buscaban refinar para su mejor entendimiento;[118] mientras que, con relación a la justicia, habrían convenido en la necesidad de no dañarse mutuamente.

A fin de dimensionar en toda su magnitud el singular naturalismo epicúreo, Morel propuso ampliar el ámbito de re-

---

115 Cf. Gigandet (1998:86-87).

116 Cf. Epicuro, *De las elecciones y los rechazos*, 13; Diógenes de Enoanda, *fr.*, 12, 2.

117 Cf. *Ep. Her*, §38; Filodemo, *De ira*, 45.

118 Cf. Arrighetti (1973:552-553), quien no acuerda con esta interpretación de Goldschmidt (1977:74), porque entiende que la *Epístola a Heródoto* no menciona al derecho junto al lenguaje. Müller (1968:305-306), en el mismo sentido, no encuentra coincidencia alguna entre estos procesos de institución del lenguaje y del derecho. Salem (1990:214-215) se manifiesta contra esta interpretación, puesto que sostiene que el lenguaje es del orden de la *phýsis* y el derecho del de la convención.

flexión sobre la *phýsis* y la justicia en el marco de la filosofía del Jardín. Para ello, invitó a considerar, particularmente, el modo en que Epicuro pensaba la constitución de las comunidades humanas. El helenista francés comenzó por señalar los diversos términos utilizados por el Maestro de Samos para referirse a un cuerpo compuesto en la *Epístola a Heródoto*,[119] y concluyó que la particular situación de las comunidades humanas en relación con la naturaleza podría explicarse a través del uso epicúreo del término técnico *systrophḗ*. Tal como aparece en la *Epístola a Heródoto* este concepto designa el agregado precósmico, ese particular estado de mezcla desde el cual el mundo llega a ser y a tener un orden.[120] En relación con ello, Morel observa que la forma metafórica que habla del cuerpo social, y de los hombres como átomos sociales de este, podría leerse —en un lenguaje técnico propio del epicureísmo— como un modo de expresar que las comunidades humanas son una verdadera asociación, pero en el sentido *physiológico* de agregación.[121] Es allí donde radica, para el intérprete francés, la clave del vínculo profundo que existe en Epicuro entre la *physiología* y la política; este vínculo permite determinar el estatuto ontológico de las sociedades humanas con mayor precisión y, por ende, brinda la posibilidad de obtener un análisis más efectivo de la justicia.

Queda claro, entonces, que la justicia epicúrea debe ser comprendida con los mismos argumentos de la *physiología*. Ya ha sido expuesta la distinción establecida entre las cosas que existen *per se* —que sólo son átomos y vacío— y las propiedades (*symbebēkóta*); estas últimas pueden, a su vez, diferenciarse entre las que son inseparables de los cuerpos y las que son accidentes o cualidades secundarias (*symptṓmata*).[122] En este diagrama, la justicia es una propiedad inseparable de los cuerpos —más precisamente, de los agentes que obran—, aun cuando no pueda ser atestiguada de modo inmediato por la sensación. En efecto, solo admite ser

119 Cf. *athroisma* como complejo atómico in *Ep. Her*, §62,§63,§64,§65 y §69; *periplokḗ* (entrelazado); *Ep. Her*, §43-§44; *sýgkrisis* (agregado) *Ep. Her*, §40-§42 y *Ep. Her*, §54-§55; *symphóresis* (conglomerado); *sýstasis* (composición); *sýstēma* (compuesto); *systrophḗ* (aglomerado).

120 Cf. *Ep. Her*, §73 y§ 77; Hermarco (Porfirio, *De la abstinencia*, I, 10, 2); Diógenes de Enoanda, *fr.* 14.

121 Cf. Morel (2000:403-404).

122 Cf. Epicuro, *Ep. Her*, §40; Lucrecio, *DRN*, I, 450-455; Demetrio Lacon (Sexto Empírico, *Contra los Profesores*, X, 219-227 y 220-224); Sedley (2003:321-359).

conocida como *prólepsis* (*katà prólēpsin týpos)*, es decir, un esquema que se desarrolla mediante un razonamiento reflexivo (*epilogismós*) y también analógico (*analogistéon*). La aprehensión de lo justo por naturaleza, por lo tanto, requiere que esa disposición del conocimiento humano sea desplegada.[123]

Como bien lo señalaba Horacio, la naturaleza ofrece indicios de aquello que le resulta o conforme o contrario. El poeta extremaba el argumento, y sostenía, incluso, que ella goza de una cierta infalibilidad, porque al ofrecer dichos indicios lo hace con "toda su pureza y su integridad". Ese extremo no le impidió advertir que el movimiento espontáneo de la naturaleza no conduce inmediatamente a lo justo; y que, por el contrario, requiere de la *prólepsis* de la justicia.[124] Los usos, variables según el contexto, del concepto epicúreo de *phýsis* evidencian sobradamente la complejidad de este naturalismo. La *physiología* nos revela, en tal sentido, la existencia de una naturaleza que muestra ciertos límites y constricciones, aunque jamás prescribe lo que los hombres deben hacer. Precisamente, en el pasaje de Horacio —quien era afecto a sobrevalorar a la naturaleza en su aspecto bucólico—, se reconoce, sin embargo, la necesidad del razonamiento sobrio que indaga acerca de los límites impuestos a los hombres en las más diversas circunstancias de su accionar. En el caso específico de la justicia epicúrea, resulta ostensible que la naturaleza no confronta con la convención; y que lejos de excluirse mutuamente, ambas nociones se articulan, bajo una nueva luz, a partir del concepto de la utilidad.

4.2. Máximas Capitales XXXII y XXXIII. Justicia y contrato

En la *Máxima Capital* XXXIII, referida a la justicia, se encuentra la única entrada del lexema *dikaiosýnē* señalada por el *Glossarium Epicureum*. Es por esta razón que nos ocuparemos de ella de modo detallado, para volver luego sobre la *Máxima Capital* número XXXII, que la amplía e ilumina. Recordemos su texto:

> La justicia (*dikaiosýnē*) no es (*én*) una cosa en sí misma, pero cuando los hombres se agrupan entre ellos —cualquiera sea la dimensión

123 Cf. Hermarco (Porfirio, *De la abstinencia*, I, 7, 4 y I, 8,1-3).

124 Cf. Horacio, *Sat.*, I, 3, 113-114.

de los lugares donde se reúnen cada vez—, [es] una suerte de contrato (*synthḗkē*) con vistas a no hacer daño y no sufrirlo.

Bollack argumenta que en esta *Máxima Capital* se describe un contrato entre los hombres de validez temporal, y es en razón de ello que se lo expresa simplemente mediante un imperfecto durativo; en esa línea, rechaza traducir el imperfecto *ḗn* por un presente genérico —a la manera aristotélica para establecer definiciones— o histórico.[125] Para Goldschmidt, asignar una motivación histórica a este uso del imperfecto en la *Máxima Capital* XXXIII resulta inapropiado. Pero, desde una perspectiva contraria, Philippson defendió el uso del imperfecto por parte de Epicuro como testimonio de la existencia de cierta forma del derecho que el crítico alemán ha llamado *prehistórica*. Barigazzi, en cambio, aunque acuerda en la formulación de una prehistoria de la justicia,[126] atribuye el uso del imperfecto al estilo gnómico propio de la transmisión epicúrea,[127] al modo de las *Máximas Capitales* XXXII y XL. Para nosotros, la discusión acerca del tipo de contrato que sería la justicia constituye un punto del mayor interés, y en tal sentido defendemos que su definición no puede expresarse sino en la forma del presente genérico.

La justicia epicúrea tiene un valor propio en la medida en que se establece un contrato (*synthḗkē*). Esta situación ya había sido expuesta de manera contundente por Aristóteles; según el Estagirita, Licofrón identificaba los términos *nómos* y *synthḗkē*, pues juzgaba que la ley constituye una caución o garantía mutua (*eggyētḗs*).[128] Justamente, el contrato al que alude Aristóteles era, para los antiguos, un acuerdo libre y consentido.[129] Más aun —y como bien apuntó Goldschmidt—, al "contrato", desde el punto de vista de la Antigüedad, siempre habrá que pensarlo como el convenio que los hombres establecen por un asentimiento mutuo.[130] Esta posición es ratificada y ampliada por Rist, quien enfatiza que Epicuro, al tener en cuenta el interés personal, recupera una

125 Cf. Bollack (1975:364).

126 Cf. Barigazzi (1983:81-82).

127 Cf. Barigazzi (1983:86).

128 Cf. Kahn (1981:95).

129 Cf. Aristóteles, *Ret* I, 15 1376 b 9; *Pol*, III, 9, 1280 b 10; *EN*, V, 1131 a 2.

130 Cf. Goldchmidt (1977:62).

idea de contrato como un acuerdo entre partes que persiguen un beneficio propio. De allí que el contratante sea una persona y no una *pólis*, puesto que el provecho esperado es de orden individual. Para Rist, además, una vez suscripto tal contrato, la pregunta por su estatuto —qué sea el contrato— y por la esencia de la justicia carece de pertinencia.[131]

Kahn, un distinguido estudioso de la filosofía griega antigua, sin dejar de reconocer la imposibilidad de precisar el periodo en que se introdujo la noción de contrato o acuerdo en la Antigüedad, propone fijar el siglo V a.C. como punto de inicio de estas ideas. Observa que fue entonces cuando los fragmentos de los filósofos se incluyeron, finalmente, dentro de una teoría general del cosmos, de los seres vivos y de los hombres.[132] La defensa de su análisis se asienta, además, en tres grandes argumentos. En primer lugar, la institución de las ciudades y las leyes como una actividad estrictamente humana; luego, el origen de la ley, del lenguaje y de la persuasión como procesos análogos; y por último, el establecimiento de las leyes como contrato y acuerdo mutuo.[133] Asimismo, al presentar su interpretación del libro V del *De Rerum Natura* de Lucrecio y de las *Máximas Capitales* XXXI a XXXV, afirma que Epicuro otorgaba al término *synthḗkē* —*foedus* en la traducción lucreciana— el significado de acuerdos que los hombres establecen entre sí, y cuyo consentimiento se daría en dos instancias sucesivas, la de la asociación seguida del pacto o contrato. Inicialmente, tendría lugar un acuerdo de asociación, al que le seguiría un particular contrato celebrado con el objeto de instituir una constitución. En la perspectiva de Kahn, esto bastaría para demostrar que Epicuro y Lucrecio consideraban que el contrato social se establecía a partir de la articulación de dos fases complementarias de modo semejante a lo propuesto por Rousseau.[134] En la primera, el contrato sería social antes que político, pues las ciudades, los reyes y las propiedades vinieron más tarde; mientras que la emergencia de las leyes se habría producido solo en una segunda fase, después de una guerra de todos contra todos.

131 Cf. Rist (1982:118).

132 Cf. Kahn (1981:94).

133 Cf. Kahn (1981:94-95).

134 Cf. Kahn (1981:94).

Aunque no se puede negar lo estimulante de esta provocativa lectura de Epicuro y Lucrecio en clave rousseauniana, ciertamente, es muy difícil de sostener. Por empezar, Epicuro no parte de la constatación de que los hombres hayan nacido originariamente libres siempre y en todo lugar ni sostiene tampoco que sea solo ahora cuando se encuentran encadenados. Menos aún cree que pueda quedar a cargo del derecho reparar esta situación. Recordemos, en tal sentido, que el contrato social rousseauniano sí surge para solucionar la pérdida de la libertad original del hombre, quien, luego de su transformación en un individuo aislado y autosuficiente, deriva en otro dependiente de sus semejantes.[135] Ante esta situación de hecho, la mejor solución, a los ojos del ginebrino, es que el pacto instaure un orden político. Aun cuando no sea posible determinar la modalidad bajo la cual se produjo ese cambio, afirma que la resolución del problema se halla en la suscripción de un contrato social, es decir, una forma de asociación por la cual cada individuo, al unirse a todos, no obedezca sino a sí mismo, a la vez que continúa tan libre como antes.[136]

No obstante, si se siguen rigurosamente los razonamientos de Epicuro, lo que queda a la vista es que los hombres, antes que asegurarse por medio de un contrato, deben mostrarse capaces de restringir sus deseos y de no obrar bajo ninguna circunstancia por la coacción o el temor, ya que ello los conduciría, indefectiblemente, a una vida injusta. Para el Maestro del Jardín, la auténtica seguridad solo podía provenir de la *ataraxía* y de la *aponía*. Otra aclaración que debilita sensiblemente la argumentación de Kahn se halla en las precisiones léxicas brindadas por Goldschmidt cuando analiza los términos jurídicos implicados en el campo semántico de lo que se traducía como "contrato" o "pacto" en la Antigüedad. Según demuestra el reconocido filólogo suizo, el término jurídico antiguo *homología* refería a un contrato entendido como convención de la guerra; mientras que *synthḙkḙ* remitía al contrato privado escrito, o bien a un tratado entre ciudades.[137] Es decir, el énfasis del término estaba antes que en el carácter social del acuerdo en su carácter de consentimiento libre. De este modo, difícilmente podría identificarse el pensamiento político epicúreo

135 Cf. Rousseau, *Contrato Social*, I, 1.

136 Cf. Rousseau, *Contrato Social*, I, IV y I, VI.

137 Cf. Goldschmidt (1977:62).

con la idea de contrato social que fue consagrada por la tradición contractualista moderna. Cabe recordar que el contractualismo moderno se origina en la necesidad de atenuar las consecuencias de una serie de hechos indeseables que se vivieron en los inicios de la Modernidad; entre ellos, las guerras civiles motivadas por disputas religiosas y la conflictiva fragmentación política, vinculada con las doctrinas de origen divino del poder. La situación inicial formulada en el contractualismo como *estado de naturaleza* no tenía un carácter descriptivo, sino ahistórico e hipotético, y buscaba, ante todo, dar cuenta del origen de la sociedad política. El "estado de naturaleza" es descripto como una situación en la que cada individuo, dominado por el miedo y el terror, goza de manera imperfecta de los derechos naturales de los que es titular. En acuerdo con esta descripción, se postula que si no existiese en la sociedad organizada un soberano investido con todos los poderes, tal estado original —del que, sin embargo, no puede afirmarse de forma contundente que haya existido— podría retornar para hacerse nuevamente efectivo. El Estado como artificio político lejos de ser, pues, el resultado de la natural politicidad de los hombres, surge, según este modelo, de un contrato celebrado entre los individuos con el objeto de preservarse. Esto lleva a que la sociedad se conciba integrada por individuos aislados, libres e iguales que tratan de imponer sus intereses, aun cuando entren en conflicto con los de otros hombres. En el pensamiento moderno, entonces, la forma de salir del individualismo radical —de la afirmación y el primado del individuo por encima de la sociedad— consiste en la institución de la sociedad política. Esta resulta ser un medio para acceder a los fines que los hombres se proponen y, a la vez, preservar su libertad; se trata de un artificio cuyas normas universales y formales aseguran marcos adecuados. En dicha sociedad, los hombres pueden organizar y garantizar una vida comunitaria, a condición de limitar los derechos naturales. El pacto que dio origen a la sociedad civil es racional, y ostenta un carácter perfectible. Su único fin consiste en que todos los hombres puedan hacer un ejercicio pleno de la libertad natural en el marco de la maximización de sus intereses personales tras salir del caos y el terror; y es esa racionalidad del pacto la fuente de su obligatoriedad y de la obediencia que le deben todos los ciudadanos.[138]

138 Cf. Hobbes, *Leviatán*, Parte I, Caps. XIII a XVI; Parte II, Cap. XVII.

Consideramos que esta breve exposición de los presupuestos del contractualismo moderno basta para clarificar las evidentes diferencias que presenta con la forma de contrato descripta por Epicuro. Nuestro filósofo nunca aceptaría que lo que mueve a un hombre a suscribir un pacto sean el miedo y el terror. Mucho menos admitiría que, en nombre de estos, el hombre se comprometa a la obediencia y la obligatoriedad, para someterse voluntariamente a una fuerza coercitiva externa. Se puede concluir, pues, con cierta contundencia, que el pacto epicúreo no posee, ni en su origen ni en su fin, un carácter semejante al del pacto o contrato social de la filosofía política moderna.

4.3. El pronombre allḗlous y el sentido epicúreo de reciprocidad

Desde otro ángulo, la noción epicúrea de contrato puede ser analizada en relación con el empleo recurrente, en las *Máximas Capitales*, del pronombre *allḗlous*, utilizado para referirse a la reciprocidad de unos con otros. Dicho pronombre expresa, básicamente, la existencia de un reconocimiento mutuo entre los hombres que sellan un vínculo comunitario. Además, como bien afirman Bollack[139] y Voelke,[140] la reciprocidad mostrada por el pronombre subraya que el pacto —aun cuando no implique una igualdad completa— no se instaura ni por miedo ni porque se hayan establecido relaciones de dominación. Al contrario, lo que los hombres buscan es una auténtica interacción.

También centrado en la significación de *allḗlous*, aunque desde otra perspectiva, Philippson ha otorgado a la *Máxima Capital* XXXIII un marcado sesgo antiplatónico,[141] que fue profundizado por Goldschmidt. Este último observó que "esa especie de contrato" epicúreo aludido en el pronombre *allḗlous* se oponía en toda regla al ser eterno e inmutable del ámbito eidético platónico.[142] A juicio de ambos autores, la teoría política epicúrea evidencia su antiplatonismo al defender que los acuerdos varían según los

---

139 Cf. Bollack (1975:365).

140 Cf. Voelke (1982:267-275).

141 Cf. Philippson (1983:31).

142 Cf. Goldchmidt (1977:72-73 y 80-83); Müller (1972: 90-9 y 104-105).

pueblos y las condiciones geográficas e históricas.[143] Sin embargo, nos resultan más persuasivos, en esta línea de interpretación antiplatónica, los argumentos desplegados por Alberti, quien, para fundamentar el estatuto ontológico de la justicia desde la perspectiva epicúrea, apela a la doctrina atómica desarrollada por el Maestro del Jardín en la *Epístola a Heródoto*.[144]

Dicha doctrina distingue entre el ser de un cuerpo compuesto y la naturaleza no autónoma de las cualidades secundarias. En este marco de definiciones, todo cuerpo pertenece a la clase de cosas que existen *per se* y, a su vez, posee una serie de cualidades secundarias o propiedades que son inseparables de él, a saber, sus atributos necesarios (*aeí symbebḗkóta*). Los cuerpos, por ende, no podrían ser concebidos como tales sin una serie de propiedades, como el tamaño, el color, la forma y el peso. No obstante, existen también propiedades o cualidades secundarias que dependen de las circunstancias, por lo cual son variables, temporales y contingentes;[145] de ellas, se dice que son o que hay evidencias de que existen.[146] Al respecto, Polístrato enseñó que ciertos atributos secundarios componen una categoría llamada de relativos (*tà prós ti katḗgoroumena*); es decir, se trata de una categoría integrada por atributos que pueden ser predicados de los cuerpos por un cierto tiempo.[147]Así afirmaba que:

> Los predicados relativos no tienen el mismo estatus que las cosas que se dicen según naturaleza propia y no relativamente a otra cosa; y no es verdad tampoco que los unos existan verdaderamente y los otros no. De suerte que es ingenuo afirmar que los unos y los otros tienen las mismas propiedades o que los unos existen (que tienen su propia naturaleza) y los otros no (que son relativos).

Este fragmento señala con claridad que, en la medida en que se reconoce a los cuerpos y cualidades secundarias un particular estatus ontológico, nunca podría decirse de los relativos (*tà prós*

143 Cf. Goldschmidt (1977:72-73).

144 Cf. *Ep.Men*, §68-§71; Lucrecio, *DRN*, I, 445-482.

145 Cf. Sexto Empírico atribuido a Demetrio Lacon *Contra los matemáticos*, X, 223, 1. Cf. Alberti (1995:181).

146 Cf. Epicuro, *Ep. Her*, §71; Cf. Conche (1990:165); Alberti (1995:182).

147 Cf. Polístrato, *Sobre el desprecio irracional de las opiniones populares*, XXV, ed. Robert Muller.

ti) que, por no ser en sí (*kath' hautó*), no existan.[148] De esta manera, por más que los relativos no tengan una naturaleza existente en sí misma y por sí misma, ello no significa que su existencia sea de suyo convencional, porque siempre establecen relaciones temporales con un determinado cuerpo. Como ejemplos de relativos, Polístrato analiza lo bello y lo feo, pues eran los habituales para la tradición filosófica de la época; pero, desde nuestra perspectiva, dicho análisis podría aplicarse igualmente sin problemas a las nociones de lo justo y de lo útil.[149] En línea con este razonamiento puede sostenerse, entonces, que la justicia epicúrea no tiene una naturaleza en sí misma, sino que posee propiedades o cualidades secundarias que varían en sus circunstancias, es decir que pueden cambiar dependiendo del tiempo y el lugar.[150] Además y, fundamentalmente, cabe aclarar que se trata de una derivación propia de la filosofía de Epicuro y no del mero resultado de una postura antiplatónica. Así pues, la justicia epicúrea, cuyo carácter es, ante todo, contingente y particular, se establece mediante un contrato de no agresión recíproca entre los hombres.[151]

Finalmente, en relación con este singular estatus ontológico de la justicia epicúrea, no podemos dejar de consignar la argumentación irónica de Plutarco al comparar ambas ontologías —la de Epicuro y la de Platón— en el *Contra Colotes* 1116 C-D. Allí el queronense concluye que Epicuro resulta más sabio que Platón

> por cuanto llama "entes" a todas las cosas por igual: al vacío intangible y al cuerpo que opone resistencia, a los principios y a sus compuestos, pues piensa que aquello que es permanente no es diferente de lo que nace y comparte con ello una sustancia común, como lo imperecedero con lo que se corrompe, y las naturalezas insensibles, persistentes, inalterables y a cuyo ser no puede jamás faltarle nada con aquellas cuyo ser consiste en ser afectadas y cambiar, las que no permanecen en ningún momento en el mismo estado.

---

148 Cf. Polístrato, *Sobre el desprecio irracional de las opiniones populares*, XXII, ed. Robert Muller.

149 Cf. Polístrato, *Sobre el desprecio irracional de las opiniones populares*, XXII, ed. Robert Muller.

150 Cf. Morel (2000) no acuerda con esta tesis.

151 Cf. Alberti (1995:181-183).

Es esta tradición historiográfica iniciada por Philippson la que ha subrayado, principalmente, el antiplatonismo epicúreo; y es también ella la que ha postulado que Epicuro, al considerar la justicia como una propiedad que atañe de forma exclusiva a las relaciones entre los hombres, y no como una virtud individual, transformó de manera insoslayable el problema de la filosofía política. La variante antiplatónica propuesta por Bignone sostiene, por su parte, que la *Máxima Capital* XXXIII es expresión de la polémica de Epicuro contra el platonismo residual del primer Aristóteles.[152] Otra vertiente de análisis orientada en esta misma dirección está representada por Bailey,[153] quien consideró que el filósofo de Samos compartía una concepción de la naturaleza humana semejante a la expuesta por Glaucón en el Libro II de *República*, y que, por tanto, se comprometía con ese ideal de justicia consecuencialista. En efecto, según Bailey, Glaucón y Epicuro sustentan la maximización cuantitativa de logros de modo tal que ella permita a un individuo alcanzar su propia satisfacción sin atender a la vida o los intereses de los otros. Más aun, este autor sostiene que el ideal de vida de Epicuro lo lleva a la *Schadenfreude*, el placer ante los infortunios del enemigo.[154] Junto a los presupuestos antropológicos de Bailey, es posible ubicar el llamado *dilema del prisionero*, que sirvió de sustento a los argumentos de Denyer; este interpretaba que la justicia se inicia en Epicuro mediante un contrato protoutilitarista. Sin embargo, puesto que el dilema del prisionero no considera ni las intenciones recíprocas de ambos reos ni la situación en la que se encuentran, el argumento falla. Las interacciones entre los hombres no funcionan de este modo para el Maestro del Jardín; de hecho, no existe ningún fragmento de su obra en el que se exija que, por efecto del contrato de justicia, los integrantes de una sociedad deban sacrificar sus deseos o la satisfacción de estos. Bailey y Denyer,[155] por otra parte, leen en el contrato epicúreo una exigencia que no admite excepciones, la de sacrificar el placer de agresión.[156] El carácter forzado de este

152 Cf. Bignone (1973:614-616).

153 Cf. Bailey (1928:511).

154 Cf. Platón, *Rep.* II, 358c-360e.

155 Cf. Denyer (1982:133-152).

156 Cf. Bailey (1928:511); Denyer (1982:150).

análisis se pone en evidencia al considerar la relación del sabio epicúreo con sus deseos naturales y necesarios, pues dentro de éstos últimos, ciertamente, no se encuentran ni la agresión ni el hacer sufrir a otro ni, mucho menos, un gozo derivado del sufrimiento de otro.

Asimismo, dado que Epicuro rechaza todo aquello que no se atenga a los límites, la *pleonexía* —tal como es descripta en los libros I y II de *República*— constituye, desde su perspectiva, la causa de que los hombres se vean arrastrados y asediados por múltiples perturbaciones. El pensamiento terapéutico epicúreo afirma que el vacío afán de obtener mayores ventajas solo puede ser curado mediante la filosofía, único *phármacon* que libera a los hombres de sus creencias erróneas.[157] En tal sentido, habría que reflexionar sobre el modo en que la tradición griega consideró la *pleonexía*. Tucídides, el historiador y teórico político, estableció que ella había sido causa principal de la sedición (*stásis*) de la *pólis* en una situación de extrema necesidad como la ocasionada por la peste.[158] Antes de hacer de la historia una "maestra para el futuro", describió la peste como el acontecimiento que había iniciado la disolución de la comunidad, en la medida en que introdujo en Atenas el desprecio por las leyes y las costumbres. Aguijoneados por el temor a la muerte, los hombres solo buscaban el placer y, así, habían trastocado lo honorable por la mera utilidad. La fuente lo testimonia claramente:

> Ni el temor de los dioses ni ninguna ley humana podía contenerlos al ver que todos perecían por igual [...], por lo que era natural disfrutar algo de la vida antes de que sobre ellos se abatiera [la peste].[159]

Más allá de las circunstancias particulares, para Tucídides, las sediciones (*katà stásin*) tienen causas bien establecidas: la ambición de poder (*pleonexía)* y el afán de gloria (*philotimía)*. Y son estas perversiones las que inician la rivalidad entre los hombres y desatan las pasiones más turbulentas. Tal como concluye el historiador

---

157 Cf. Filodemo, *Contra los sofistas*, IV, 7-14.

158 Cf. Tucídides, *Historia de la Guerra del Peloponeso*, II, 48, 3. El mismo tema es tomado por Lucrecio hacia el final de su poema filosófico, *DRN*, VI, 1138-1286.

159 Cf. Tucídides, *Historia de la Guerra del Peloponeso*, II, 53.

griego, "no existía ningún medio de pacificación, dado que ninguna palabra era segura, ni ningún juramento inspiraba temor".[160]

Contra estos peligros de disolución de una comunidad ante los infortunios, Epicuro insiste en que el peor camino es el de afirmarse en deseos no racionales. De este modo, el sabio epicúreo ni siquiera en la extrema situación de necesidad elegiría como camino la sustentación de un conflicto cuyo único resultado será la turbación en el alma y la fragmentación de los vínculos entre los hombres. En efecto, desde el punto de vista de esta filosofía política, el significado del pacto se asienta sobre una base racional, pues antes que constituir un mero instrumento de mediación en los conflictos entre los hombres, lo que busca es garantizar que todos ellos acuerden para realizar sus intereses auténticos. En cualquier caso, la seguridad (*aspháleia*), al ser considerada un bien de la naturaleza, debe garantizarse por todos los medios adecuados de que el hombre dispone para hacerlo. El pacto resulta útil ya que tiende a que los hombres no se dañen y, así, se constituye en el garante de la seguridad (*aspháleia*) y de la tranquilidad (*aokhlesía*).[161] En definitiva, su utilidad y la de las leyes que se derivan de él radica en preservar este bien natural para todos los hombres,[162] la *ataraxía* que cada uno está llamado a realizar.[163] Lo que puede concluirse en este punto es que, para Epicuro, la autarquía (*autárkeia*)[164] y la libertad (*eleuthería*)[165] solo son conquistadas por el hombre que acuerda con la naturaleza.[166] Esto significa que es el discernimiento del límite de los deseos lo que le permite alcanzar una vida libre, al extirpar de sí las necesidades vanas que impiden realizar la suave felicidad y lograr cierta independencia de los otros.[167]

Con respecto a la *autárkeia*, Jean Brun observa que no hay que entenderla como egoísmo fácil ni confundirla con la autonomía en

160 Cf. Tucídides, *Historia de la Guerra del Peloponeso*, III, 82 y 83.

161 Cf. *Ep. Men*, §127.

162 Cf. *MC* VI; *MC* VII; Lucrecio, *DRN*, V, 11256-1135.

163 Cf. *MC* XVII; *MC* XXXI, *MC* XXXIII; Plutarco, *Contra Colotes*, 1124d.

164 Cf. *Ep. Men*, §130; *SV* 36; *SV* 44; Porfirio, *A Marcela*, 30.

165 Cf. *SV* 77.

166 Es preciso señalar que el término *autárkeia* fue acuñado por Hecateo. Cf. Clemente de Alejandría, *Strómata*, II, 130 - *DK*, 73, A IV.

167 *DL*, X, 130; *SV* 68; *SV* 77.

el sentido kantiano.[168] Sus principales atributos fueron establecidos de modo contundente por Epicuro, quien se refirió a ella como "la mayor riqueza, como un bien grande, como el mayor tesoro que un sabio puede conseguir porque es la capacidad de bastarse a sí mismo sin esperar de los dioses ni de los otros hombres lo que ya el razonamiento prudente ha conquistado".[169] Las traducciones de *autárkeia* por independencia, libertad o autonomía son insuficientes en la medida en que dejan de lado el carácter altruista que se halla presente en esta noción. La *autárkeia* alcanzada por el sabio no excluye a los otros, sino que este la logra junto a ellos por el ejercicio de una mutua conveniencia (*ǫpheleía*);[170] y esta conveniencia mutua se consolida a través de la *philía*. No se trata de fundar una comunidad en la cual apartarse de la agitada vida política; por el contrario, la *philía* puede coexistir con la *pólis*, ya que se sostiene en los vínculos que se consolidan dentro de la comunidad mediante la comprensión creciente de la naturaleza (*physiología*); y todo ello no es otra cosa que la realización de la sabiduría.[171] La *Máxima Capital* XXXII reafirma lo que hemos desarrollado:

> Para todos los vivientes (*zǭon*) que no pudieron pactar (*mé edýnato synthę́kas*) con vistas a impedir causarse daño mutuamente y sufrirlo, nada es justo (*díkaion*) o injusto (*ádikon*). Y lo mismo [ocurre] para los pueblos que no han podido o no han querido pactar con vistas a impedir que se cause daño o se lo sufra.

El pacto solo tiene lugar entre humanos, y el que haya pueblos que no utilizaron esta forma de acuerdo no hace sino evidenciar que se trata de una elección, mientras que los animales nunca podrían acceder a ello a causa de los límites propios de su naturaleza.[172]

4.4. *Máximas Capitales XXXIV y XXXV. El temor, el castigo y el daño*

El carácter relacional de la justicia, que involucra el fin natural de la vida del hombre —alcanzar el placer y la felicidad—, requiere

168 Cf. *SV* 44; Brun (1983:109).

169 Cf. *SV* 65; Clemente de Alejandría, *Strómata*, VI, 143 = Us. 174.

170 Cf. Balaudé (1994:25) conecta la *autárkeia* con la *autodidaxia*.

171 Cf. Alberti (1995:184).

172 Cf. Hermarco (Porfirio, *De la abstinencia*, I, 12, 6).

que se establezca tanto la definición de su contrario, la injusticia, como las razones por las cuales un hombre elige respetar un acuerdo. Dado que, tal como lo presenta la *Máxima Capital* XXXIV, no puede afirmarse que la justicia sea algo en sí (*ti kath' heautó*), tampoco puede sostenerse que lo sea la injusticia:

> La injusticia (*adikía*) no es un mal en sí (*kakón kath'heautēn*), sino que [se transforma en tal debido al] temor suscitado por la suposición de que no se pueda un día escapar de aquellos que tienen por oficio castigar esos actos.

Esta *Máxima* puede encontrarse bajo otra forma en una obra de Epicuro registrada por Diógenes Laercio y titulada *Diaporiai*.[173] Plutarco recoge, al final del *Contra Colotes*, la única versión que ha llegado hasta hoy de un pasaje de dicha obra:

> este [Epicuro], en efecto, se pregunta si el sabio, sabiendo que no será descubierto, hará algo de lo prohibido por las leyes, y responde: "No es aquí viable una afirmación categórica (*tò haploûn katēgórēma)*".[174]

Este pasaje se ha discutido largamente.[175] El valor de las acciones que se ocultan, o bien, de las que un hombre realiza sin testigos, constituye un tópico muy visitado de la filosofía griega. Ya Demócrito había presentado una serie de reflexiones al respecto;[176] también los pasajes conservados de Antifonte[177] y Platón en el Libro II de *República*, que relatan y analizan el anillo de Giges, se ocuparon del asunto.[178] En todos los casos, la indagación se centra en una pregunta sobre la posibilidad de que el hombre sea justo voluntariamente. Las respuestas difieren según cada filósofo. Sin embargo, no deja de resultar cuanto menos extraño el testimonio transmitido por Plutarco que atribuye a Epicuro la siguiente afirmación: "Lo haré, pero no quiero admitirlo".[179]

---

173 Cf. *DL*, X, 27.

174 Cf. Plutarco, *Contra Colotes*, 1127D.

175 Cf. Goldschmidt (1977:118-12); Denyer, (1982:145-147); Vander Waerdt (1987:406-411); Seel (1993:341-360); Besnier (2001:136 n.17); Morel (2000a).

176 Cf. Demócrito, *DK*, 244B; 264B.

177 Cf. Antifonte, *Acerca de la Verdad*, *fr.* 44, columna I.

178 Cf. Platón, *Rep.* II, 359 b-360d.

179 Cf. Plutarco, *Contra Colotes*, 1127D.

De este pasaje, Philippson infiere que el sabio epicúreo observa las leyes no porque juzgue la injusticia como algo malo en sí mismo, sino porque la falta de observación de aquellas lo dejaría hasta la muerte en el temor y la incertidumbre de saber si su violación podría ser descubierta; y para sustentar su afirmación remite a las *Máximas Capitales* XXXIV, XXXV, XXXVII y XXXVIII.[180] Goldschmidt, en cambio, señala que todo el problema de la argumentación de Plutarco se encuentra en la cláusula condicional final "sabiendo que no será descubierto". Desde su perspectiva, el sabio —pero, igualmente, el no sabio— está en un estado mental de certidumbre respecto del futuro, por lo cual la respuesta del Maestro resulta coherente. Las reservas de Epicuro para responder de forma categórica se relacionan sobre todo con el carácter irreal de las premisas utilizadas para plantear el caso; ante el sesgo hipotético de los presupuestos solo se puede ofrecer una respuesta igualmente hipotética.

El principio defendido por Epicuro en su filosofía, que demanda, ante determinadas circunstancias concretas, recurrir siempre a la evaluación de un razonamiento prudente (*phrónēsis*), puede constituir, a nuestro juicio, el principal motivo de su silencio. En efecto, el sabio epicúreo no necesita quebrantar ninguna ley porque lo que guía su accionar es la consecución del placer, y sabe que este solo se origina en deseos naturales y necesarios. Sin embargo, ello de ningún modo lo exime de quebrantar una ley particular bajo ciertas circunstancias. Más aún, el sabio epicúreo no vacilaría en obrar contra una ley si ella le impidiera llevar adelante una acción que, tras efectuar un razonamiento prudente, considera que contribuye al placer; no obstante, es cierto que los casos en los cuales un sabio podría quebrantar una ley con su acción poseen, en general, un carácter excepcional. La respuesta de Epicuro, contraria, pues, a lo que Plutarco sugiere, revela la sutilidad de su pensamiento.[181] La *Máxima Capital* XXXV ofrece acerca de ello una refutación irrebatible:

> [n]o le es posible a quien viola en secreto (*láthrai*) alguno de los acuerdos mutuos (*synéthento*) sobre el no dañar ni ser dañado, confiar en que pasará desapercibido, aunque haya sucedido diez

---

180 Cf. Philippson (1983:40-41).

181 Cf. Roskam (2012:23-40).

mil veces hasta el presente. No hay ninguna evidencia de que escapará hasta el fin de su vida.

Para Epicuro, vale reafirmarlo, el mal reside no tanto en una acción injusta en sí misma como en el temor del hombre a ser descubierto y castigado, aunque esto no siempre suceda. Pero lo más importante es que la posición a la que un hombre queda sometido al obrar de forma injusta resulta radicalmente incompatible con un ideal de vida en el cual lo que hay que desterrar son todas las formas de miedos y terrores. Antes que del temor a la punición como móvil de sometimiento a las leyes acordadas, se trata de que el hombre que razona con prudencia siempre dirige su vida hacia la búsqueda del placer. En ello, y no en otra cosa, encuentra las razones suficientes para ser justo más allá de los miedos y terrores de un castigo posible en caso de haber cometido una serie de injusticias.[182] La justicia epicúrea en sentido político se anuda, de este modo, con la justicia como virtud individual, que es el medio para alcanzar la *ataraxía*.

En esta línea de interpretación, Mitsis se pronuncia por la no contraposición entre la justicia contractual y la justicia del alma, ya que la primera nunca podría interferir con el logro de la imperturbabilidad por parte del individuo.[183] Así, la falta de oposición, en términos de interferencia, entre la justicia legal y la justicia del alma permite, en efecto, una reconciliación entre ambas. La prioridad que se otorga a la justicia del alma deja a la vista que el argumento no constituye meramente una salida pragmática ante la posible desobediencia del sabio epicúreo a las leyes. Lo que se confirma, en todo caso, es un primado del individuo —tanto como de sus intereses y condiciones— a la hora de considerar la justicia como contrato que los hombres celebran entre sí para la prosecución de una vida feliz en medio de una comunidad.[184]

Sin embargo, esta división entre una justicia como virtud del alma y una justicia política propuesta por Mitsis no se registra como tal en los fragmentos epicúreos. Es cierto que el sabio epicúreo actúa bajo un ideal de justicia, más allá de que haya o no leyes que lo amparen; aun así, la condición necesaria y el hori-

---

182 Cf. Vander Waerdt (1987:406-408).

183 Cf. *MC* XVII.

184 Cf. Mitsis (2015:125-138).

zonte de toda acción que llega a evaluar como justa es siempre una comunidad.[185] Al respecto, conviene recordar que la *Máxima Capital* XXXV, lejos de volver sobre el planteamiento condicional e hipotético de Plutarco, postula que tanto la justicia como la injusticia no son ni en sí mismas ni por sí mismas y que, en todo caso, constituyen propiedades de una comunidad en la que se ha establecido un acuerdo. El mal de la injusticia —que no es en sí— radica no solo en dejarse arrastrar por deseos vanos y el consecuente terror para el futuro, sino por la ruptura del contrato que provoca un alto grado de turbación. Por ello mismo, aquellos que están "destinados a castigar tales actos" son los que se han instituido como autoridades de punición al inicio del contrato por el cual los hombres han acordado entre ellos, como lo reafirman las *Máximas Capitales* XXXIV y XXXV, no hacerse el mal mutuamente.

A partir del análisis de las *Máximas Capitales* XXXI a XXXV, entonces, parece manifiesto que la justicia epicúrea se comprende en relación con la filosofía política y la ética defendidas por el Maestro del Jardín. También se nos revela, asimismo, a partir de la teoría de los relativos, la singular existencia de la justicia, puesto que se refiere a un grupo de individuos, en ese lugar y en ese tiempo en el cual contratan —acuerdan— la utilidad en común. Es decir que la justicia, lejos de constituir una ficción derivada de un convenio subjetivo y relativista, no es sino el producto de un acuerdo mutuo de los hombres. Ciertamente, la verdadera seguridad (*aspháleia*) del sabio epicúreo no está depositada, en última instancia, en la justicia de la ciudad ni en sus leyes, pero hay una confianza en que la tranquilidad del alma tiene mayores posibilidades de realizarse si se halla presente ese acuerdo o contrato de la justicia.[186]

4.5. Máxima Capital XXXVI. Utilidad de la justicia para una sociedad humana

En la *Máxima Capital* XXXVI, que define la noción de lo justo, Epicuro declara:

> Según un criterio común (*koinòn*), lo justo (*tò díkaion*) es lo mismo (*tò autò*) para todos porque es algo útil (*symphéron*) en la mutua

185 Cf. Vander Waerdt (1987:409); Morel (2000a:398).

186 Cf. *MC* XIV.

comunidad (*koinonía*) entre unos y otros (*allḗlous*). Pero si se considera lo que es particular (*tò ídion*) a un país y todos los factores (*aitíon*) en un momento dado, no se sigue que lo justo (*tò díkaion*) sea lo mismo para todos.

Queda claro de este modo que, en el pensamiento epicúreo, la noción de lo justo no se puede comprender sin una determinación del significado de lo útil (*tò symphéron*). Cicerón fue el primero en comprenderlo y fue, asimismo, el primero en valerse del concepto de utilidad (*utilitas*) de manera crítica para mostrar al epicureísmo como una filosofía —en términos de Anscombe— "absurda y superficial".[187] Fue en el *De Finibus*, donde el Arpinate expuso, a partir de los modelos ejemplares de conducta heroica encarnados en eminentes personajes romanos, su impugnación de las teorías hedonistas y utilitaristas.[188] A modo de síntesis, y con el objeto de enfatizar la contraposición entre lo virtuoso (*honestum*) y los criterios del propio interés y la utilidad, afirmaba: "Ni la justicia ni la amistad podrán existir en absoluto si no se desean por sí mismas".[189]

En efecto, en esta obra, Cicerón denuncia, de modo contundente, lo que a su juicio constituye una contradicción flagrante del epicureísmo, porque, aun cuando los epicúreos dedican su vida a investigar los principios de la naturaleza, erróneamente, han fundado lo virtuoso (*honestum*) en el placer y la utilidad. Y es sabido que la salud del alma y el no sufrir del cuerpo deben desearse siempre por sí mismos y nunca por su utilidad.[190]

Ahora bien, desde nuestro punto de vista, la noción de utilidad (*tò symphéron*) propuesta por Epicuro en relación con la justicia está muy lejos de configurar una categoría del utilitarismo; y este tampoco puede aplicarse sin más en la caracterización ni de la ética ni de la política del Maestro de Samos. Aun así, es cierto que se trata de una discusión que ha dado lugar a argumentaciones diversas

187 Cf. Anscombe (2006:29-30), al criticar las teorías hedonistas, argumenta que el utilitarismo presente en ellas, en tanto expresión del consecuencialismo, constituye una filosofía superficial y absurda. Sostiene que, en el marco del utilitarismo, en la medida en que solo se valoran las consecuencias previsibles, al sujeto le bastaría con alegar que no había previsto determinadas consecuencias para librarse de toda responsabilidad.

188 Cf. Cic., *De Fin.*, V, 31.

189 Cf. Cic., *De Fin.*, III,70.

190 Cf. Cic., *De Fin.*, V, 20, 58.

y contrapuestas.[191] Sin embargo, no resulta aconsejable interpretar esta noción de utilidad de modo aislado y autonomizado del placer, ya que el consecuencialismo epicúreo está estrechamente ligado a este, el cual —como ha sido expuesto— constituye el principio y el fin del bien que es connatural a todos los hombres.[192] La noción de utilidad en la filosofía epicúrea se presenta, pues, como un principio explicativo antes que normativo —incluso si, por momentos, resulta imprecisa y equívoca—; ante todo, garantiza la confianza entre los hombres de una comunidad. Así, la mediación de la justicia resulta conveniente para los hombres por la seguridad (*aspháleia*) que aporta y que configura el marco más adecuado para obtener el placer.[193]

La *Máxima Capital* XXXVI, como bien advierte Morel, no trata de acentuar la distinción entre derecho positivo y derecho universal ni de analizar la singularidad y la generalidad de una ley. De lo que se ocupa es, más bien, del grado de compromiso que el derecho tiene con el criterio de utilidad para una comunidad en particular y en un momento histórico dado.[194] En consonancia con estas determinaciones, la gran dificultad de la justicia reside en que las leyes mediante las cuales se expresa tienen forma y contenido; la forma que prescriben regula una sociedad política determinada, mientras que por medio de su contenido generan un orden estable. Sin embargo, aunque la forma tiende a privilegiar la inmovilidad, el contenido muestra su historicidad y la necesidad del cambio de las leyes. En la reflexión de Platón sobre la ley escrita, la universalidad y la particularidad de las leyes desencadenaba toda una serie de problemas. En primer lugar, la inteligibilidad de la norma debía imponerse a la ignorancia individual y colectiva. En segunda instancia, y como consecuencia de la primera afirmación, resultaba inevitable que una ley fuera de una generalidad tal que le impidiese, indefectiblemente, ajustarse en detalle a los cambios circunstanciales de todos los individuos.[195] En relación con este asunto, Aristóteles —fiel a su método dialéctico— señalaba

---

191 Cf. García Gual-Acosta (1974).

192 Cf. *Ep. Men*, §129.

193 Cf. *MC* VI; *MC* VII; *MC* XVII; *MC* XXXVI y Plutarco, *Contra Colotes*, 1124 d.

194 Cf. Morel (2000a:406).

195 Cf. Platón, *Político*, 294 d-e.

que la exigencia de la universalidad de la ley implicaba, como contrapartida, que nunca pudiera cubrir la totalidad de los casos posibles —y que llegara, incluso, a abarcar aquellos que carecían de significación—.[196]

Es evidente que las tensiones entre la mutabilidad e inmutabilidad de la justicia y entre la generalidad y la particularidad de la ley, presentes a lo largo de toda la historia de la filosofía griega clásica, tampoco hallaron una resolución en la filosofía política epicúrea. Ello no merma, sin embargo, el valor de su originalidad, la cual radica en que tales tensiones son presentadas en relación con la ontología misma de la justicia. De este modo, si bien lo justo es una creación de los hombres —es decir, un artefacto—, tal circunstancia, lejos de excluirlo de la naturaleza, lo lleva a formar parte de ella como si le fuera inmanente. Asimismo, su carácter de norma objetiva no se sustenta en la universalidad e inmutabilidad absolutas, ya que la universalidad de la justicia epicúrea solo requiere la manifestación de un reconocimiento recíproco entre los hombres; es decir, la noción de justicia emerge de las mismas interacciones humanas. Es por ello que creemos que la prólepsis puede ofrecernos un acercamiento más afinado a la propuesta epicúrea sobre la noción de justicia.

4.6. Máximas Capitales XXXVII y XXXVIII. La prólepsis y el conocimiento de lo justo

El alcance del término *prólepsis* imprime a la interpretación de las *Máximas Capitales* XXXVII y XXXVIII una dificultad adicional en relación con la teoría epicúrea del conocimiento. Veamos, a continuación, el texto completo de ambas *Máximas*.

> *Máxima Capital* XXXVII. Lo que es considerado como justo (*díkaion*) según la ley pertenece al dominio de la justicia (*toû dikaíou*) toda vez que es útil (*symphérei*) para las necesidades (*khreíais*) de la comunidad que los hombres forman entre ellos (*allḗlous*) —tanto si resulta ser lo mismo para todos, como si no—.
> Pero si alguien establece una ley que no se encuentra en conformidad con lo que es útil (*katà tò symphéron*) a la comunidad que los

196 Cf. Aristóteles, *Pol.* III, 15-16.

hombres forman entre ellos (*allḗlous*), ella no tiene la naturaleza (*phýsin*) de la justicia (*toû dikaíou*). Y además, si lo que es útil según la justicia cambia, pero permanece durante un cierto tiempo en acuerdo con la prenoción (*prólēpsin*), esto no sería en nada menos justo durante ese tiempo para quienes, sin caer en la confusión, atienden simplemente a los hechos.

Máxima Capital XXXVIII. [Así], cuando, sin aparecer variaciones en las circunstancias exteriores, aquello que las leyes habían instituido como justo (*díkaia*) ya no se adecuaba con la prenoción (*prólepsin*), esas cosas no eran más justas (*díkaia*).

[De igual modo], cuando, al variar las circunstancias, las mismas cosas sancionadas como justas (*díkaia*) no tienen más utilidad (*synéphere*), entonces, en ese caso, [se dirá que] ellas habían sido (*ȇn*) justas (*díkaia*) en tanto habían sido útiles a la comunidad mutua de los conciudadanos, pero luego, cuando no tuvieron más utilidad, ya no eran (*ȇn*) más justas (*díkaia*).

Como adelantamos, las dificultades para definir la justicia tienen que ver con la misma epistemología epicúrea. Efectivamente, en relación con este concepto, la paradoja del epicureísmo antiguo —que bien describe Asmis— se vuelve incluso más crítica, ya que, si bien por un lado se rechaza la definición, se lucha a la vez, por otro, contra cualquier tipo de ambigüedad, a fin de establecer una noción clara y que pueda captarse de manera inmediata (*enargeía*).[197] En la medida en que se acepta que toda definición consiste solo en fijar el sentido de una palabra a partir de otra, para Epicuro, establecer el carácter natural o convencional de esta asociación carece de importancia. Por ello mismo es que rechaza los métodos dialécticos, porque, en definitiva, según el filósofo, siempre terminan en un *regressus ad infinitum*. Así pues, concluye que lo correcto no es definir una palabra por otra, sino que se debe ir de la palabra a la cosa.[198] La definición es un proceso que siempre solicita la verificación por las sensaciones para que los sentidos ambiguos no se apropien de ella. Y es en virtud de este principio que las *Máximas Capitales* XXXVII y XXXVIII hacen referencia al segundo criterio de verdad establecido en la canónica epicúrea: la *prólepsis*. Su función primordial consiste en brindar

197 Cf. Asmis (1984:39-40); Giovacchini (2003:71-89).

198 Cf. *Ep. Her*, §37; Sexto Empírico, *Esbozos Pirrónicos*, II, 26, 210-211.

un criterio de confirmación de lo justo capaz de permanecer estable y de constituir un parámetro de adecuación para las leyes. La particularidad de la *prólepsis* de lo justo reside, precisamente, en su función reguladora o confirmativa en la medida en que no parte de la sensación; exige, pues, que la definición ostente ciertos rasgos en los que se sostiene su carácter universal, ya que este reside en su propiedad de aglutinar bajo una misma noción numerosas experiencias. Recordemos que, en la gnoseología epicúrea, la noción común no admite ser interpretada desde un punto de vista innatista; siempre se extrae inductivamente, a partir de una pluralidad de experiencias análogas. Es por esto que, al proceder mediante la analogía, se llega a establecer un predicativo universal de conocimiento, pues se alcanza un significado acerca de algo.

La única otra *prólepsis* que se origina de un modo semejante a la de lo justo es la de los dioses;[199] en efecto, la idea de los dioses, según Epicuro, ha sido trazada en los hombres como una *noción común*. Así, por ejemplo, sin negar que la *prólepsis* de los dioses pueda tener un cúmulo de imágenes que representan un esquema de ese objeto, se impone, a la vez, un límite que funciona como regla de atribución de posteriores *próle̱pseis*.[200] En tal sentido, el esquema universal que determina esta *prólepsis* se sustenta en la bienaventuranza e incorruptibilidad de los seres divinos (*tò̱ makarío̱n kaì aphthárto̱n*); dentro de este esquema, se admite toda la variabilidad posible.[201] De este modo, los dioses constituyen un modelo de felicidad para los hombres, y es por ello que dicha noción presenta un carácter normativo. La *Máxima Capital I* y su escolio tal como los transmite Diógenes Laercio[202] constituyen el sostén de esta analogía entre la *prólepsis* de lo justo y la de los dioses. En síntesis, el mismo procedimiento de semejanza y transferencia presente en la *prólepsis* de lo divino funciona para la *prólepsis* de la justicia, ya que lo justo puede expresarse de modo variado dentro de una comunidad humana; pero hay, igualmente, un límite que se impone como esquema y criterio para esas formas

199 Cf. *Ep. Men*, §123-124; Lucrecio, *DRN*, V, 1169-1171 y 1179-1182; Cic., *De nat. deor.*, I, 49.

200 Cf. Piergiacomi (2017:50-60).

201 Cf. Goldschmidt (1977:230-231).

202 Cf. *MC* I.

variables: es el consenso de los hombres de esa comunidad sobre lo que sea útil para ellos.

Ahora bien, si el límite establecido a la *prólepsis* de lo justo está dado por el consenso de lo útil dentro de las comunidades, el papel central que el lenguaje ha de jugar en dicho consenso resulta insoslayable. Esto explica, también, el lugar principalísimo que le ha sido otorgado en las sendas reconstrucciones genealógicas de las comunidades humanas narradas, como ya vimos, por los epicúreos Hermarco y Lucrecio. Según esos relatos, el lenguaje presenta un origen natural, dado por la relación práctica del hombre con la naturaleza; sin embargo, en un segundo momento, ya convencional, se siguieron incorporando términos cuyo propósito principal consistía en la eliminación de todas las ambigüedades que pudieran haber surgido en el primer momento.[203]

Este relevante problema de la relación entre la fundamentación de la justicia y el lenguaje ha sido abordado por diferentes corrientes críticas. En la perspectiva de Brunschwig, por ejemplo, el proceso de desarrollo del lenguaje tiene un tercer momento, es aquel en el que la *prólepsis* emerge como su resultado final.[204] Philippson, por su parte, aunque sin aludir a la *prólepsis*, establece una relación entre el proceso de institución del lenguaje y el surgimiento del derecho.[205] En este punto, Goldschmidt, propone unir las dos tesis anteriores para sostener que la *prólepsis* de lo justo surge, en efecto, en una tercera instancia, una vez terminado el proceso de formación del lenguaje; pero esto se produce, precisamente, porque es entonces cuando se fijan los términos o se introducen los nombres para representar realidades no especificadas con anterioridad —el lenguaje del derecho—.[206] Por otra parte, Müller —al igual que Goldschmidt— sostiene la existencia de dos estadios asociados al proceso de instauración del lenguaje, por lo cual también lo justo se vincularía, en definitiva, a una tercera etapa mediada por la *prólepsis* —como lo atestiguan las *Máximas Capitales* XXXVII y XXXVIII—.[207] Para ello, el filólogo alemán se

---

203 Cf *Ep. Her*, § 75-76.

204 Cf. Brusnchwig (1994b).

205 Cf. Philippson (1983:298-299).

206 Cf. Goldschmidt (1977:166-170).

207 Cf. *Ep. Her*, § 76.

basa en los fragmentos de Hermarco,[208] a fin de sustentar que las comunidades humanas presentan dos tiempos de captación de lo útil; en un primer momento, habría una memoria irracional,[209] y en el segundo —y superior—, se podría efectuar una comparación valorativa de lo útil.[210]

De todo lo expuesto hasta aquí resulta, entonces, que —en el ámbito de la praxis— el proceso de validación asume formas propias, ya que no siempre es posible contrastar nociones con sensaciones; la *prólepsis* es una de esas formas —que también admite, a su vez, diferencias, como hemos visto con la *prólepsis* de los dioses y de lo justo—. Ella no sólo posee una función pasiva de acumulación de sensaciones, sino que también es activa, pues por su medio se reactualiza la mutualidad entre las palabras y las cosas. En tal sentido, toda *prólepsis* ofrece una idea general que resulta adecuada como definición. Así, en el caso singular del concepto de justicia, este se obtiene como resultado de un ordenamiento y regulación de las diversas variaciones de un esquema de definición. No obstante, conviene recordar que no se trata de una mera actividad de asociación, sino que —tal como ya lo hemos presentado— se configura como un auténtico "método proléptico", porque tiene la capacidad de iniciar una indagación.

En este punto, conviene retomar la cuestión del consenso de lo útil como determinante de la *prólepsis* de lo justo. Al respecto, David Sedley tiene en cuenta, en su lectura de *Acerca de la naturaleza,* los usos epicúreos de los conceptos de *epilogízesthai* y *epilogismós*.[211] Para el autor británico, Epicuro se vale de estas nociones con el fin de establecer el ámbito de conocimiento al que corresponden los distintos juicios. Habría así una primera esfera propia de las actividades humanas referida a lo ético (*epilogízesthai*); y otra, estrictamente teorética (*epilogismós*), que da inicio a una investigación. Resulta de interés revisar las argumentaciones que determinan el valor epistémico de una opinión en el ámbito práctico; se observa,

208 Cf. Hermarco, quien mostraba el doble rostro que todas las cosas tienen para los epicúreos. Así como el lenguaje fue útil para el progreso comunitario del hombre, también esas mismas palabras llevaron a los hombres no al placer sino a la turbación (Porfirio, *De la abstinencia,* I, 8, 1-2). Cf. Müller (1983:153-183).

209 Cf. Porfirio, *De la abstinencia*, I, 10.

210 Cf. Porfirio, *De la abstinencia,* I, 8, 2.

211 Cf. Epicuro, *Acerca de la Naturaleza*, XXV.

entonces, que las acciones recomendadas siempre tienen como criterio válido su utilidad. Por otro lado, esta evaluación, en la medida en que determina lo ventajoso o desventajoso para cada circunstancia, puede variar en el tiempo.[212] Tal análisis reafirma que la *prólepsis* valida la noción de lo justo mediante lo útil, a la vez que presenta un nuevo problema, a saber, el del contenido de dicha *prólepsis*, dado que la variabilidad de lugar y de tiempo hace que lo justo solo se determine por cierto período para una comunidad específica y singular. De este modo, la *prólepsis* de lo justo puede ser adjudicada o a una experiencia individual o —como defiende Goldschmidt— a una experiencia compartida por una comunidad política.

Las opciones nos dejan ante un dilema que resulta necesario exponer. Por una parte, definir el contenido de la *prólepsis* como fruto de una experiencia individual es coherente con la definición epicúrea de *prólepsis*; sin embargo, de aceptarse esta posibilidad, lo justo no lograría el grado de universalidad y generalidad que requiere. Por otra parte, definirla —como pretende Goldschmidt— a partir de la experiencia de los ciudadanos guiados por un interés común dentro de una particular comunidad política —la cual se instituye a través de una constitución que se sanciona en un tiempo determinado— implicaría validar la *prólepsis* por su conformidad con las leyes particulares, lo cual iría en detrimento de la generalidad que se espera de ellas.[213]

Al comparar las *Máximas Capitales* XXXVII y XXXVIII con el resto de las máximas referidas a la justicia, se puede observar que, mientras las otras manifiestan cierto grado de indefinición —tal vez, debido a la preponderancia del estilo gnómico—, en estas *Máximas*, en cambio, las afirmaciones se muestran precisas y contundentes, hasta el punto que —según Goldschmidt— resultaría posible identificar las prácticas del derecho ateniense de las cuales presuntamente derivan. En tal sentido, el filólogo suizo señala que las *Máximas* referidas no nombran expresamente el pacto ni remiten, tampoco —como sí lo hacen Hermarco y Lucrecio—, a un origen de la justicia. Sin embargo, expresan la necesidad de que a los hombres se les garantice la seguridad (*aspháleia*) mediante

---

212 Cf. Sedley (1973:66-68); Atherton (2005:122); Aoiz (2013:15-41).

213 Cf. Goldschmidt (1977:193-195).

la instauración de las leyes. Es decir, para Epicuro, las leyes y magistraturas con las que cuentan las sociedades confrontan de modo permanente con el concepto de lo justo que una comunidad determinada sostiene en un momento dado. No obstante, las leyes y magistraturas nunca han dejado de detentar el poder simbólico de la permanencia, dada su continuidad con las leyes y constituciones de los ancestros, y es por ello que, en el devenir histórico de la vida civilizada, siempre sirvieron para garantizar la seguridad.

Esta tesis goldschmitiana ha sido objeto de una aguda crítica por parte de la especialista italiana Antonina Alberti, quien, al comentar la *Máxima Capital* XXXVII, observa atinadamente que no ha sobrevivido ningún texto de Epicuro relativo a las leyes, y que al término *nómos* —cuando se presenta— hay que leerlo en el sentido de seguridad (*aspháleia*) y no en el de ley (*nómos*).[214] Por su parte, Asmis, al explicar esta *Máxima*, afirma la validez del método científico epicúreo; declara que la *prólepsis* como anticipación se forma por un acto del propio legislador, y lo argumenta desde una perspectiva epistémica, pues recuerda que era la *prólepsis* la que permitía a un individuo iniciar una investigación en el ámbito del conocimiento. En consonancia, sería de esperar, entonces, que en el ámbito práctico la prenoción de lo justo se expresara a través de la ley. Consecuentemente, la efectividad de la ley dependería del inicio del proceso de una *prólepsis* de lo justo que solo le sería anticipada a quienes tuvieran la responsabilidad de legislar.[215] Llama la atención que Asmis restrinja la *prólepsis* de lo justo a la condición del legislador experto, toda vez que estos textos de Epicuro no dejan sombra de duda en cuanto al papel determinante del acuerdo comunitario en el establecimiento de la justicia.

Sobre este decisivo y controvertido asunto nos interesa, por último, el punto de vista crítico que ofrece Konstan a partir de la revisión de los argumentos que vinculan el desarrollo de la institución de la justicia con el lenguaje. Konstan comienza por interpretar la expresión *phonaîs kenaîs* (sonidos vacíos), a los cuales los epicúreos les atribuían ser motivo de las mayores aflicciones de los hombres, y propone que estos pueden ser vistos, igualmente, como la principal causa de que la razón no logre formular leyes

214 Cf. Alberti (1995:162).

215 Cf. Asmis (1984:50-51).

que promuevan lo justo. Concluye, entonces, que el lenguaje, así como tiene la virtud de producir la cohesión y el desarrollo asociativo de los hombres, también es capaz de determinarlos en el sentido contrario al hacer de él un uso inmoderado. Efecto de esto último serían una creciente conflictividad y violencia en la comunidad humana, por cuya causa la manifestación de lo justo expresada por medio de las leyes se haría necesaria. Así pues, el gobierno de las leyes, al ofrecerles cuanto menos un mínimo de seguridad, representaría un mejoramiento objetivo de la vida de los hombres. Con todo, en la visión de Konstan, la justicia legal no es sino una "mísera" sustituta del único vínculo profundo en el que creían los epicúreos, es decir, la amistad (*philía*).[216]

Tras haber revisado las fuentes epicúreas y las más importantes críticas en relación con estas *Máximas Capitales*, estamos en condiciones de afirmar que las modalidades asumidas por la *prólepsis* son diversas, y que esta, en consecuencia, está muy lejos de constituir la mera recolección y recuerdo de experiencias o una simple mediación entre las palabras y las cosas. Se comprueba, asimismo, que la *prólepsis* resulta ser un primer principio indemostrable con el cual se inicia el proceso de investigación. De este modo, su función es doble; por un lado, actúa como un esquema conceptual que regula el límite de las variaciones posibles en relación con la definición de una cosa; por otro, opera como un criterio de inferencia. No resulta una cuestión menor que, a lo largo de su historia, la *prólepsis* haya sido interpretada principalmente en relación con su función lógica y psicológica, mientras se la obviaba en tanto metodología.

En este sentido, hemos intentado mostrar el modo singular en que las *Máximas Capitales* XXXVII y XXXVIII, que definen lo justo, refieren a la *prólepsis*. En estas, ella se desempeña como un esquema conceptual que limita la posibilidad de las variaciones; pero, además y fundamentalmente, constituye un criterio decisivo para la confirmación de la inferencia.

216 Cf. Konstan (2007a:133-138).

Capítulo VI

Naturaleza y convención. Una ética política en Epicuro

Somos conscientes de que la hipótesis principal que guía nuestro estudio, la cual postula que Epicuro forjó su concepto de justicia mediante la articulación de argumentos tanto naturalistas como convencionalistas, introduce en la filosofía del Maestro de Samos una tensión fundamental. Mientras el naturalismo aboga para que se reconozca el fundamento legítimo de la concepción de justicia en la naturaleza; el convencionalismo, en cambio, subraya que no hay justicia sin comunidades de hombres. Desde esta última perspectiva, son los hombres quienes, en sus relaciones mutuas, acuerdan no dañar y no ser dañados para obtener, de modo conjunto, el máximo de placer en la vida de cada uno de ellos.

Aunque existe una abundante literatura secundaria sobre el concepto epicúreo de justicia que ha contribuido a fortalecer la contraposición entre los argumentos naturalistas y convencionalistas, creemos haber demostrado de manera suficiente que se trata de un falso dilema. En efecto, las interpretaciones excluyentes han revelado, en más de un sentido, su inconsistencia para ponderar aspectos centrales de la filosofía epicúrea. Por el contrario, la propuesta interpretativa de la interdependencia argumental entre el naturalismo y el convencionalismo ha demostrado que puede dar cuenta cabalmente de la complejidad de este problema crucial para la filosofía política, tal como Epicuro y el epicureísmo lo enfrentaron. Además, permite dimensionar la originalidad de la filosofía epicúrea respecto de este tópico, tanto en lo que respecta a la formulación del problema como a los argumentos utilizados para su resolución.

Acaso porque la filosofía moderna estableció una división tan categórica entre la esfera del *nómos* y de la *phýsis* es que hoy resulta dificultosa una comprensión adecuada de las razones por las cuales la filosofía antigua elaboró esta mutua correspondencia entre dichas nociones. Como resulta, pues, evidente, nuestra perspectiva toma expresa distancia de aquellas exégesis que relacionan de manera directa la fundación del *derecho natural* con la de la racionalidad de Occidente. Ciertamente, consideramos que la *phýsis* no se constituye en fundamento del *nómos;* ahora bien, desde nuestra perspectiva, el *nómos* tampoco logra instituirse como tal sin una determinada concepción de la *phýsis*. Y ha sido tal hipótesis la que nos permitió dilucidar la función que cumple el naturalismo epicúreo con respecto a la noción de justicia. Se comprende entonces que lo hayamos caracterizado como un naturalismo mínimo, en tanto la *phýsis* no funciona como criterio absoluto ni de las acciones de los hombres ni de los asuntos referidos a la justicia. Más aun, Epicuro define la naturaleza siempre en relación con el hombre; y es este quien determina el contexto —ontológico, gnoseológico, cosmológico, ético-político— en el cual dicha relación acontece.

La definición de la naturaleza y de su acción —en los contextos mencionados— se halla en relación ni más ni menos que con el movimiento ciego de los átomos en el vacío. Según Epicuro, la capacidad de autoproducción de la naturaleza surge solo de ese movimiento atómico, por lo cual los átomos —dada su propia constitución— no deliberan ni deciden, y tampoco poseen la capacidad de gobernar ni de conducir. De todo lo expresado, se infiere aquello que constituye la piedra angular de la filosofía epicúrea: la naturaleza nunca produce cosas constreñida o coaccionada por el orden de la necesidad. Es cierto que el naturalismo epicúreo expone de modo concluyente los argumentos por los cuales la naturaleza surge de un desorden; no obstante, también sostiene que el hombre posee la capacidad de descubrir un orden en ella por medio de su razonamiento, y de comprobarlo gracias a la regularidad que exhiben las sucesivas generaciones naturales de las cosas. Obviamente, esta constatación no implica en modo alguno que la naturaleza establezca un orden normativo absoluto.

La paradoja del naturalismo epicúreo manifiesta con claridad que la naturaleza no posee un sentido teleológico en sí misma; sin embargo, el hombre tiene que obrar en conformidad con ella si quiere determinar a su vida un fin adecuado. Entre las soluciones que el Maestro del Jardín propuso para desentrañar la condición del dificultoso vínculo que el hombre entabla con la naturaleza y estudiarlo en sus características propias, la *physiología* o *ciencia de la naturaleza* ocupa el lugar principal. Primeramente, han de abordarse los principios constitutivos de átomos y vacío que conforman la totalidad del mundo natural; y en segundo término, las formas particulares que asumen los cuerpos de los agregados. Es por esto que la intervención racional del hombre tiene la potencia de perfeccionar las cosas naturales y de aprender de esa vasta experiencia de intercambio. Consecuentemente, le cabe a él, desde un punto de vista ético, la tarea de ajustar sus acciones en dirección a un *fin natural*. No obstante, es necesario insistir en la ausencia de toda determinación *normativa* por parte de la naturaleza respecto de las acciones humanas. De aquí la particular atención que han merecido a nuestros ojos los argumentos que sustentan la ética hedonista, mínima, racional, naturalista y teleológica de Epicuro. Al explicar en detalle la singular noción del placer *katastemático*, queda a la vista que la *eudaimonía* no es otra cosa que un placer que logra hacerse estable. Si, por otra parte, nos remitimos a la clasificación de los deseos, resulta ostensible que la noción de deseo natural y necesario es la única que conduce al hombre al placer entendido como "principio y fin de una buena vida". La potencia explicativa de la ética epicúrea y su singularidad se manifiestan por acción y efecto del método inferencial, ya que la evidencia natural del placer siempre es orientada por la mediación adecuada del cálculo racional y de la virtud de la *phrónēsis*.

El método inferencial se constituye así, claramente, en el fundamento de la ética epicúrea, puesto que surge de la unión de la intuición inmediata natural del placer con el sobrio razonamiento. Sin la mediación racional, lo natural del placer quedaría atrapado en su falta de finalidad e intención. En efecto, es dicho método el que permite que se distingan los fenómenos naturales de aquellos que han sido causados por el hombre, y que, por tanto, quedan bajo su responsabilidad. La filosofía epicúrea configura una filosofía del límite, en la medida en que esta noción atraviesa tanto a la canónica como a la física y a la ética.

Al preguntarnos si Epicuro habría establecido para la justicia un fundamento naturalista con la misma contundencia que lo hizo respecto de los deseos e inquirir si era posible hallar en las *Máximas Capitales* sobre la justicia algo que funcionara de modo análogo al argumento de la cuna, nos vimos conducidos a revisar la construcción de la epistemología epicúrea. En ella, es la noción de *prólepsis* la que explicita el modo en que se valida un concepto, el cual ha de mantener un esquema de identificación a la vez que admite variaciones.

En lo que respecta a la justicia, Epicuro opta de modo contundente por el convencionalismo, pero, al mismo tiempo, se refiere de forma oblicua a su fundamento naturalista. Desde un punto de vista convencionalista, sostiene que la justicia no existe en sí misma, sino que es un acuerdo (*synthḗkē*) constituido entre los hombres, en un determinado tiempo y lugar y en determinadas circunstancias, con vistas a evitar el daño mutuo. Aunque la justicia varía en el tiempo y el espacio, no puede admitirse que Epicuro sustente ni un relativismo ni, menos aún, que opte por un utilitarismo, incluso cuando afirma la correspondencia de la justicia con la utilidad política. La articulación entre *phýsis* y *nómos* en la determinación del concepto de justicia manifiesta que la naturaleza no es suficiente *per se* para fundamentarlo, puesto que lo justo varía. Sin embargo, esta variabilidad que emerge de la convención tiene límites y contornos definidos por la *prólepsis* de lo justo.

La naturaleza cambia tanto como el hombre muda su relación con ella y se transforma en el curso de la historia que está forjando. En consecuencia, las comunidades humanas, de modo análogo, varían y se modifican, ya que establecen nuevas formas de reconocimiento entre los seres humanos. Por ello, se comprende que Epicuro insista no solo en la mutación de la naturaleza, sino en la necesidad de un conocimiento de la *prólepsis* de lo justo por la cual las comunidades expresan los cambios que se procesan en la definición de la justicia.

Bárbara Cassin, con su habitual sutileza para pensar la relación que desde nuestra contemporaneidad entablamos con la filosofía antigua, acuñó la expresión "estrategias contemporáneas de apropiación de la Antigüedad". La filósofa entiende que siempre instalamos horizontes de comprensibilidad —determinados por el tiempo en que navegamos nuestra existencia— respecto de ese otro tiempo con el cual dialogamos. Pero además y fundamentalmente, nos recuerda que el genitivo —expresado mediante la preposición "de" en el sintagma "apropiación de la Antigüedad"— tiene un valor objetivo y subjetivo; la Antigüedad no solo es nuestro objeto, sino que ella se ha apropiado también de la historia y, en cierto modo, nos hallamos a merced de esa apropiación.

En el diálogo particular con el epicureísmo que hemos propuesto desde la contemporaneidad, no deja de manifestarse lo paradójico de nuestro tiempo, ya que la ciencia dispone hoy de una plétora de medios para indagar la *phýsis*, y sin embargo, pareciera que la filosofía política se aleja cada vez más de establecer lazos con ella. En la medida en que Epicuro nos ofrece, entonces, un camino de reflexión que continúa resultando válido para encarar la complejidad presente, quedamos perplejos ante el dilema que supone contar con una capacidad de conocimiento exponencial sobre la *phýsis* cuando el *nómos* ha elegido el camino de la indiferencia hacia ella. Si Epicuro nos enseñaba que la ciencia natural (*physiología*), al introducirse en la vida humana, no hace sino transformarla y liberarla, emergen en nosotros el asombro y el pasmo ante las ataduras a las que los hombres se someten voluntariamente en la actualidad. Será necesario pues recuperar la capacidad de sostener en el pensamiento la relación problemática entre *phýsis* y *nómos* surgida en el seno de la filosofía política para aspirar a un nuevo sentido de la transformación y la emancipación de las comunidades humanas.

Bibliografía

Abreviaturas

De Fin.	Cicerón, *De los fines de los bienes y los males*
De Nat Deor.	Cicerón, *Sobre la naturaleza de los dioses*
De Off.	Cicerón, *Sobre los deberes*
Disp.Tusc.	Cicerón, *Disputas Tusculanas*
DK	Diels Kranz, *Die Fragmente der Vorosokratiker*
DL	Diógenes Laercio, *Vida y opiniones de los Filósofos Ilustres*
DRN	Lucrecio, *De Rerum Natura*
EE	Aristóteles, *Ética Eudemia*
EN	Aristóteles, *Ética Nicomáquea*
Ep. Her	Epicuro, *Epístola a Heródoto*
Ep. Men	Epicuro, *Epístola a Meneceo*
Ep. Pít	Epicuro, *Epístola a Pítocles*
Fís.	Arístoteles, *Física*
Il.	Homero, *Ilíada*
LSJ	Liddell Scott Jones, *Greek English Lexicon*
Met.	Aristóteles, *Metafísica*
MC	Epicuro, *Máximas Capitales*
Od.	Homero, *Odisea*
Pol.	Aristóteles, *Política*
Rep.	Platón, *República*
Ret.	Aristóteles, *Retórica*
SV	Epicuro, *Sentencias Vaticanas*
Us.	Epicuro, *Usener*

Ediciones de textos, comentarios y traducciones de Epicuro

Adorno, F. y Russello, N., (2010), *Epicuro, Lettere sulla* Física, *sul cielo e sulla felicità*, prefazione Adorno, F., a cura de Russelo, N, Milán, BUR Rizzoli.

Arrighetti, G., (1973), *Epicuro. Opere*, Turín, Einaudi.

Bailey, C. (1926), *Epicurus: The Extant Remains*, Oxford, Oxford University Press.

Balaudé, J-F., (1994), *Épicure, Lettres, Maximes, Sentences*, Paris, Le Livre de Poche.

Bieda, E. (2015), *Epicuro*, Buenos Aires, Editorial Galerna.

Bignone, E. (2007) *Epicuro. Opere, Frammenti, Testimonianze sulla sua vita*, Bari, Editori Laterza.

Boeri, M.D., (1997), *Epicuro: sobre el placer y la felicidad*, Santiago de Chile, Editorial Universitaria.

Boeri, M. D. y Balzaretti, L. (2002), *Epicuro. Vida. Escritos Morales y Testimonios*, Rosario, FYA Ediciones.

Bollack, J., (1975), *La Pensée du Plaisir*, París, Ed. de Minuit.

Caro, S. y Silva, T., (2008), "Epicuro: Epístola a Heródoto", Introducción, traducción y notas in *Onomázein*, N° 17, pp.135-170.

Conche, M., (1987), Épicure, *Lettres et Maximes*, París, Presses Universitaires de France.

Delattre, D. et Pigeaud, J.(ed.), (2010), *Les Épicuriens*, Bibliothèque de La Pléiade, N° 564, París, Gallimard.

Dorandi, T., *Diogenes Laertius. Lives of Eminent Philosophers*, Cambridge Classical Texts and Commentaries 50, Cambridge, Cambridge University Press.

García Gual, C., (1981), *Epicuro*, Madrid, Alianza Editorial.

García Gual, C., (2007), *Diógenes Laercio, Vida de los Filósofos Ilustres*, Madrid, Alianza Editorial.

Jufresa, M., (1991), *Epicuro. Obras*, Madrid, Tecnos.

Long, A.A. and Sedley, D.N., (1987), *The Hellenistic Philosophers*, 2 vol., Cambridge, Cambridge University Press.

Long, A. A. et Sedley, D.N., (2001), *Les Philosophes Hellénistiques*, 3 vol., Traduction Brunschwig J. y Pellegrin P., Paris, Flammarion.

Morel, P.-M., (2011), *Épicure, Lettres, Maximes et Autres Textes*, Paris, GF-Flammarion.

Oyarzún Robles, P., (1999), "Carta a Meneceo", Introducción, traducción y notas in *Onomázein*, N° 4, pp.403-425.

Sedley, D., "*Epicurus On Nature XXVIII*" in *Cronache Ercolanesi*, N°3, 1973, pp.5-83

Usener, H., (1887), *Epicurea*, Teubner, Leipzig.

Usener, H., (1977), *Glossarium Epicureum*, Ed. M. Gigante & W. Schmid, (Lessico Intellettuale Europeo, XIV), Roma, Edizioni dell' Ateneo & Bizzarri

Usener, H., (2002), *Epicurea, Testi de Epicuro e Testimonianze Epicuree Nella Raccolata di Hermann Usener*, Testo Greco e Latino a fronte, traduzione e nota Ramelli I., presentazione Reale G., Milán, Bompiani.

Spinelli, E. y Verde, F., (2010), *Epicuro, Epistula a Erodoto,* Introduzione di E. Spinelli. Traduzione (con testo greco a fronte) e commento di F. Verde., Roma, Carocci editore.

Ediciones de textos, comentarios y traducciones de otros autores de la Escuela de Epicuro

Diógenes de Enoanda

Morel, P-M., (2010), *Diógenes de Enoanda,* Fragmentos en columnas de 14 líneas in Delattre D. et Pigeaud J.(ed.), *Les Épicuriens,* Bibliothèque de La Pléiade, N° 564, París, Gallimard, pp. 1029-1072 y notas en pp.1400-1405.

Filodemo

AA.VV., (2010), *Filodemo* in Delattre D. et Pigeaud J.(ed.), *Les Épicuriens,* Bibliothèque de La Pléiade, N° 564, París, Gallimard, pp.535-742.

Hermarco

Muller, R., (2010), *Hermarco* in Delattre D. et Pigeaud J.(ed.), (2010), *Les Épicuriens,* Bibliothèque de La Pléiade, N° 564, París, Gallimard, pp.161-182 y notas Tiziano Dorandi y Robert Muller, pp.1147-1151

Lucrecio

Bailey, C., (1947), *Titi Lucreti Cari, De Rerum Naturam Libri Sex,* Oxford, Oxford University Press.

Ernout, A., (1955), *De la Nature,* 2 vol., París, Les Belles Lettres.

Kany-Turpin, J., (1998), *Lucrèce, De la Nature,* Paris, Garnier-Flammarion.

Valentí Fiol, E., (2012), *De Rerum Natura. De la naturaleza,* Barcelona, Acantilado.

Polístrato

Muller, R., (2010), *Sobre el desprecio irracional de las opiniones populares, XXV* in Delattre D. et Pigeaud J.(ed.), *Les Épicuriens,* Bibliothèque de La Pléiade, N° 564, París, Gallimard, pp.217-230; notas en pp.1159-1162.

Ediciones de textos, comentarios y traducciones de otros autores antiguos y modernos

Aristóteles

Lledó Íñigo, E., y Pallí Bonet, J., *Ética Nicomáquea – Ética Eudemia,* (1995), Introducción de E. Lledó Íñigo, traducción y notas de J. Pallí Bonet, Madrid, Editorial Gredos.

Boeri, M.D., *Física - Libros I y II,* (1993), traducción, introducción y notas, Buenos Aires, Editorial Biblos.

Calvo Martínez, T., *Metafísica,* (2006), Introducción, traducción y notas, Madrid, Editorial Gredos.

Araujo, M. y Marías, J., *Política,* (1970), traducción, Madrid, Instituto de Estudios Políticos.

Racionero, Q., *Retórica,* (1999), introducción, traducción y notas, Madrid, Editorial Gredos.

Homero

Crespo Güemes E., (1991), *Ilíada*, traducción, prólogo y notas, Madrid, Editorial Gredos.

Fernández Galiano, M. y Pabón, J.M., *Odisea*, (1992), introducción, Fernández Galiano M., traducción Pabón J.M., Madrid, Editorial Gredos.

Marco Tulio Cicerón

Corso de Estrada L. (2019), *De Legibus, Sobre las Leyes*, traducción, notas e introducción, Buenos Aires, Colihue Clásica.

Guillén Cabañero J. (2006), *De officis, Sobre los deberes*, introducción y traducción, Madrid, Alianza.

Pimentel Álvarez, J., (1979), *Disputas Tusculanas I y II*, edición, traducción y notas, México, D.F., Universidad Nacional Autónoma de México, Bibliotheca Scriptorvm Graecorvm et Romanorvm Mexicana.

Pimentel Álvarez, J., (1979), *Disputas Tusculanas III y IV*, edición, traducción y notas, México, D.F., Universidad Nacional Autónoma de México, Bibliotheca Scriptorvm Graecorvm et Romanorvm Mexicana.

Pimentel Álvarez, J., (2002), *De los fines de los bienes y los males I*, edición, traducción y notas, México, D. F, Universidad Nacional Autónoma de México, Bibliotheca Scriptorvm Graecorvm et Romanorvm Mexicana.

Pimentel Álvarez, J., (2003), *De los fines de los bienes y los males II*, edición, traducción y notas, México, D. F, Universidad Nacional Autónoma de México, Bibliotheca Scriptorvm Graecorvm et Romanorvm Mexicana.

Pimentel Álvarez, J., (1986), *Sobre la naturaleza de los dioses*, edición, traducción y notas, México, D. F, Universidad Nacional Autónoma de México, Bibliotheca Scriptorvm Graecorvm et Romanorvm Mexicana.

Platón

Divenosa, M. y Mársico, C., *República*, (2005), introducción, traducción y notas, Buenos Aires, Editorial Losada.

Plutarco

Martos Montiel, J.F., (2004), *Obras morales y de costumbre (Moralia XII), Tratados antiepicúreos: Contra Colotes; Sobre la imposibilidad de vivir placenteramente según Epicuro; De si está bien dicho lo de "vive ocultamente"*, introducción, traducción y notas, Madrid, Editorial Gredos.

Sexto Empírico

de Gallego Cao, A. y Muñoz Diego, T., (1993), *Esbozos pirrónicos*, introducción, traducción y notas, Editorial Gredos, Madrid.

Tucídides

Torres Esbarranch, J.J., (2000), *Historia de la Guerra del Peloponeso*, traducción y notas, Madrid, Editorial Gredos.

Rousseau J-J.

Fernández Alonso de Armiño, M., (2002), *Del Contrato Social*, traducción, Madrid, Alianza Editorial.

Hobbes, Th.

Mellizo, C., *Leviatán, La materia, forma y poder de un estado eclesiástico y civil*, (1989), traducción, Madrid, Alianza Editorial.

Diccionarios

Bailly, M.A., (1901), *Dictionnaire Grec-Français*, París, Librairie Hachette.

Chantraine, P., (1968), *Dictionnaire Étimologique de la Langue Grecque, Histoire des Mots*, París, *Éditions* Klincksieck.

Liddell, H.G. and Robert Scott, D. D., (1958), *Greek English Lexicon,* Oxford, Oxford Clarendon Press.

Bibliografía secundaria

AA.VV., (1969), *Actes du VIII Congrès de l'Association Guillaume Budé*, París, Les Belles Lettres.

AA.VV., (1983), *SYZHTHSIS, Studi sull'epicureismo greco e romano offerti a Marcello Gigante*, Nápoles, Biblioteca della Parola del Passato.

Acosta Méndez E, (1980), "En torno al Protréptico de la Carta de Epicuro a Meneceo" in *Helmántica, Revista de Filología Clásica y Hebrea* N°31, Salamanca, Universidad Pontificia de Salamanca, pp. 89-114.

Alberti, A., (1995), "The Epicurean Theory of Law and Justice" in *Justice and Generosity*, A., Laks y M., Schofield (eds.), Cambridge, Cambridge University Press, pp. 161-190.

Algra K.A., Barnes J., Mansfeld J., Schofield M., (eds.), (1999), *The Cambridge History of Hellenistic Philosophy,* Cambridge, Cambridge University Press.

Algra, K.A., (2003), "The mechanisms of Social Appropriation and its Role in Hellenistic Ethics" in *Oxford Studies in Ancient Philosophy*, N° 25, pp. 263-294.

Annas J., (1989), "Epicurean Emotions" in *Greek, Roman and Byzantine Studies* N°30, pp. 145-64.

— — (1992), *Hellenistic Philosophy of Mind,* Berkeley, University of California Press.

— — (1993a), "Epicurus on Agency", in J., Brunschwig y M. Nussbaurn (eds.), *Passions and Perceptions: Studies in Hellenistic Philosophy Proceedings of the 5th Symposium Hellenisticum,* Cambridge, Cambridge University Press, pp.53-71.

— — (1993b), *The Morality of Happiness*, Oxford, Oxford University Press.

— — (1996), "La Natura nell'Ética Epicurea' in *Epicureismo greco e romano,* Giannantoni, G. y Gigante, M., pp.299-311.

Anscombe, G.E.M., (2006); "Filosofía moral moderna" in Platts, M., *Conceptos éticos fundamentales*, México, Universidad Autónoma de México, Instituto de Investigaciones Filosóficas, pp. 23-57.

Aoiz, J., (2013), "Prolepsis y justicia en el epicureísmo" in *Argos,* Volumen 30, N°58, pp. 15-41.

— —, (2014), "¿Epicúreos y justos?" in *Mundo Nuevo,* Año VI, N° 14, pp. 19-59.

Armstrong, D., (1997), "Epicurean Justice" in *Phronesis N°42*, pp. 324-34.

Armisen-Marchetti, M., (1994), "La miel de Lucrèce : poétique, rhétorique et psychologie de la persuasion dans le Rerum Natura" in *Vita Latina, Volume 134*, N°1, pp. 9-17.

Arrighetti, G., (1978), "Philía e Physiologia: I Fondamenti dell'Amicizia Epicurea" in *Materiali e Discussioni per l'Analisi dei Testi Classici,* N°1, pp. 49–63.

—— (1984), "Devoir et Plaisir chez Epicure" in Harmatta J. (ed.), *Proceedings of the VII Congress of the International Federation of the Societies of Classical Studies*, Budapest, Akademia Kiado, pp. 385-391.

——, (2013), "Forme de la comunicazione in Epicuro" in Erler M and Heßler J. A. (eds.) *Argument und literarische Form in antiker Philosophie,* De Gruyter, Göttingen, pp. 315-338.

Asmis, E., (1984), *Epicurus' Scientific Method*, Ithaca, Cornell University Press.

—— (1990), "Free action and the swerve" in *Oxford Studies in Ancient Philosophy*, N°8, pp. 275-90.

—— (1999) "Epicurean Epistemology", in Algra K., Barnes J., Mansfeld J., Schofield M., (eds.) *The Cambridge History of Hellenistic Philosophy,* pp. 260-94.

—— (2005), "Lucretius on what Language is Not", in *Language and Learning. Proceedings of the 9th Symposium Hellenisticum*, Frede, D. y Inwood, B. (eds.), Cambridge, Cambridge University Press, pp. 101-138.

—— (2007), "Reductionism, Rationality and Responsibility: a discussion of Tim O'Keefe," Epicurus on Freedom" in *Archiv für Geschichte der Philosophie* N°89, pp. 192-230.

Atherton, C., (2005), "Lucretius on what Language is Not," in Frede, D. y Inwood, B., (eds.), *Language and Learning: Philosophy of Language in the Hellenistic Age*, pp. 101-138.

Aubenque, P., (1969), "Kant et l'epicurisme" in *Actes du VIII Congrès de l'Association Guillaume Budé*, pp. 293-303.

Bailey, C., (1928), *The Greek Atomists and Epicurus*, Oxford Clarendon Press, Oxford.

Barigazzi A., (1983), "Sul concetto epicureo della sicurezza esterna" in *SUZHTHSIS. Studi sull'Epicureismo greco e romano offerti a Marcello Gigante*, pp. 73-92.

Barnes, J., (1996), "Epicurus: Meaning and Thinking", in *Epicureismo greco e romano*, G. Giannantoni and M. Gigante (eds.), pp. 197-220.

Barnes, J., (1999) "Linguistics Meaning", in Algra K., Barnes J., Mansfeld J., Schofield M., (eds.) *The Cambridge History of Hellenistic Philosophy*, pp. 193-213.

Bentham J., (1789), *An Introduction to the Principles of Morals and Legislation.*

Benveniste, E, (1983), *Vocabulario de las Instituciones Indoeuropeas*, Barcelona, Taurus.

Berns, G., (1976), "Time and Nature in Lucretius in De Rerum Natura" in *Hermes N°104*, pp. 477-492.

Besnier, B., (2001), "Justice et Utilité de la Politique dans l'Épicurisme. Réponse à Elizabeth Asmis" in Auvray-Assayas C, y Delattre D.(ed.), *Cicéron et Philodème. La polémique en philosophie*, Paris, Presses de l'École Normale Supérieure, pp. 129-157.

Bétegh, G., (2006), "Epicurus'Argument for Atomism" in *Oxford Studies in Ancient Philosophy* N°30, pp. 266-284.

Bieda E., (2005), "El placer de ser feliz. Notas sobre los posibles antecedentes peripatéticos del hedonismo epicúreo" in *Nova Tellus, volumen 23 N°1*, pp. 99-148.

Bignone, E., (1973), *L'Aristotele Perduto e la Formazione Filosofica di Epicuro*, 2 tomos, Florencia, La Nuova Italia.

Bobzien, S., (2000), "Did Epicurus Discover the Free Will Problem?" in *Oxford Studies in Ancient Philosophy N°19*, pp. 287-337.

—— (2006), "Moral Responsability and Developement in Epicurus' Philosophy" in Reis B., (ed.), *The Virtuous Life in Greeks Ethics*, Cambridge, Cambridge University Press, pp. 206-229.

Boeri, M., (2010), "Epicurus The Platonist" in Dillon J. y Brisson L., *Plato's Filebus, Selected Papers From The Eight Symposium Platonicum*, Sankt Augustin, Academia Verlag, pp. 363-368.

Bollack, J., (1969), "Les Maximes de l'Amitié" in *Actes VIIIe Congrès de l'Association Budé*, pp. 223-226.

Borle, J.P., (1962), "Progrès ou Déclin de l'Humanité? La Conception de Lucrèce (De Rerum Natura V, 801-1457)" in *Museum Helveticum N° 19*, pp. 162-179.

Boulogne, J., (2003), *Plutarque dans le miroir d'Épicure. Analyse d'une critique et systématique de l'Épicurisme*, Villeneuve-d'Ascq, Presses Universitaire de Septentrion.

Boyancé, P., (1963), *Lucréce et l'épicurisme*, Paris, Presses Universitaires de France.

Bravo, F., (2009), *As Ambigüedades do Prazer. Ensaio sobre o Prazer na Filosofía de Platao*, Sao Paulo, Editorial Paulus.

Brochard, V., (1966), "La théorie du plaisir d'après Épicure" in Études de Philosophie *Ancienne et de philosophie Moderne*, Paris, Vrin, pp. 252-293.

Brown, E., (2002), "Epicurus on the Value of Friendship (Sententia Vaticana 23)" in *Classical Philology N°97*, pp. 68-80.

—— (2009a), "The Emergence of Natural Law and the Cosmopolis" in S. Salkever, *The Cambridge Companion to Greek Political Thought*, Cambridge, Cambridge University Press, pp. 331-364.

—— (2009b), "False Idles: The Politics of the "Quiet Life" in Greek and Roman Antiquity", *in A Companion to Ancient Political Thought*, R. Balot, (ed.) Oxford, Blackwell, pp. 485-500.

Brun J., (1983), *L'Épicurisme*, Paris, Presses Universitaires de France.

Brunschwig J., (1986), "The Cradle Argument in Epicureanisrn and Stoicism", in Schofield M. and Striker G. (eds.), *The Norms of Nature*, pp. 113-144.

—— (1993), "El argumento de la cuna en el epicureísmo y el estoicismo" in Schofield M. and Striker G. (eds.), *Las normas de la naturaleza*, pp. 121-151

—— (1994a), "Epicurus' Argument on the Immutability of the All", in J. Brunschwig, *Papers in Hellenistic Philosophy*, Cambridge, Cambridge University Press, pp. 1-20.

Brunschwig J., (1994b), "Epicurus and the Problem of Private Language" in

J. Brunschwig, *Papers in Hellenistic Philosophy*, pp. 21-38.

— — (2006), *Les Stoiciens et leur Logique*, Paris, Vrin.

Brunschwig, J. y Nussbaurn, M., (eds.), (1993), *Passions and Perceptions: Studies in Hellenistic Philosophy Proceedings of the 5th Symposium Hellenisticum*, Cambridge, Cambridge University Press.

Brunschwig, J. y Sedley D., (2003), "Hellenistic Philosophy", in *The Cambridge Companion to Greek and Roman Philosophy*, Sedley, D.(ed.), Cambridge, Cambridge University Press, pp. 151-83.

Campbell, G.L., (2003), *Lucretius on Creation and Evolution: A Commentary a Rerum Natura, Book Five, Lines 772-1104*, Oxford, Oxford University Press.

Carrasco N. y Candel M., (2005), "La justicia como reciprocidad entre individuos (Epicuro) frente a la justicia común (Aristóteles)" in *Convivium N° 18*, pp. 3-22.

Carrière, J.Q., (1977), "A Propos de la Politique de Plutarque" in *Dialogues d'Histoire Ancienne N° 3*, pp. 237-251.

Cappelletti, A., (1987), *Lucrecio: La filosofía como liberación*, Caracas, Monte Ávila Editores.

Cassin B., (1994), *Nuestros griegos y sus modernos. Estrategias contemporáneas de apropiación de la Antigüedad*, traducción Irene Agoff, Buenos Aires, Ediciones Manantial.

Clay, D., (1983), "Individual and Community in the First Generation of the Epicurean School" in *SYZHTHSIS. Studi sull'epicureismo greco e romano offerti a Marcello. Gigante*, pp. 255-279.

— — (1996), "Deep Therapy" Review of Nussbaum in *Philosophy and Literature, vol. 20, N° 2*, pp. 501-505.

— — (2007), "L'Épicurisme: École et Tradition" in Gigandet A. y Morel P.-M., (eds.), *Lire Épicure et les Épicuriens*, pp. 5-27.

Cole, T., (1967), *Democritus and the Sources of Greek Anthropology*, Cleveland. American Philological Association.

Cooper, J., (1999), "Pleasure and Desire in Epicurus" in Cooper J, *Reason and Emotion: Essays on Ancient Moral Psychology and Ethical Theory*, Princeton, Princeton University Press, pp. 485-514.

Conche, M., (1990), *Lucrèce et l'expérience*, Paris, Mégare.

Conche, M., (2013), "Droit Naturel et Droit Positif chez Épicure" in *Revue Philosophique de la France et de l'Étranger, N°138*, pp. 549-556.

Cosenza, P., (1996), "La Dimostrazione de la non Eligibilitá dell'Ingiustizia nella Ratae Sententia XXXIV di Epicuro" in *Epicureísmo greco e romano*, pp. 361-376.

Dalfino, M. C., (1993), "Ieronimo di Rodi: la dottrina della vacuitas doloris" in *Elenchos* N°14, pp. 277–303.

De Lacy, P.H., (1939), "The Epicurean Analysis of Language" in *American Journal of Philology, Vol, N°60*, pp. 85-92.

— — (2003) "Limite et Variation dans la Philosophie Épicurienne" in *Les Cahiers Philosophiques de Strasbourg, L'Épicurisme Antique, N° 15*, pp. 199-216.

Denyer, N., (1983), "The Origins of Justice" in *SYZHTHSIS: Studi sull'Epicu-*

reísmo greco e romano offerti a Marcello Gigante, pp. 133-52.

De Sanctis D., (2015), "Questioni di stile: osservazioni sul linguaggio e sulla comunicazione del sapere nelle lettere maggiori di Epicuro" in De Sanctis D., Spinelli E., Tulli M., Verde F., *Questioni epicuree*, Sankt Augustin, Academia Verlag, pp. 55-73.

Diano, C. (1974), *Scritti Epicurei*, Florencia, Olschski.

Di Cesare D., (1980), *La Semantica nella Filosofia Greca*, Roma, Bulzoni Editore,

Droz-Vincent, G., (1996), "Les Foedera Naturae chez Lucrèce" in Lévy, C.(ed.), *Le Concept de Nature à Rome. La physique*, Paris, Presses de l'École Normale Supérieure, pp. 191-211.

Dugas, L., (1894), *L'amitié antique d'après les moeurs populaires et les théories des philosophes*, París, Alcan.

De Witt, N.W., (1954), *Epicurus and His Philosophy*, University of Minnesota Press, Minneapolis.

Erler, M., (2002), "Epicurus as Deus Mortalis: *Homoiosis Theoi* and Epicurean Self-Cultivation", in Frede D. y Laks, A.(eds.), *Traditions of Theology: Studies in Hellenistic Theology, its Background and Aftermath*, Leiden, pp. 159-181.

Erler, M. and Schofield M., (1999), "Epicurean Ethics", in Algra K., Barnes J., Mansfeld J., Schofield M., (eds.) (1999), *The Cambridge History of Hellenistic Philosophy*, pp. 642-674.

Ernout, A. y Robin L., (1962²), *Lucrèce, De Rerum Natura, Commentaire Exegetique* et Critique, Paris, Les Belles Lettres.

Evans, M., (1999), "Epicurean Psychology" in Algra, K., Barnes J., Mansfeld, J., Schofield, M., (eds.), *The Cambridge History of Hellenistic Philosophy*, pp. 542-559.

Everson, S., (1994), "Epicurus on Mind and Language" in Everson, S., *Language*, Cambridge, Cambridge University Press.

Farrington, B., (1974), *La rebelión de Epicuro*, Barcelona, Editorial Laia.

Festugière, A.-J., (1997), *Épicure et ses dieux*, Paris, Quadrige / Presses Universitaires de France.

Fish, J. y Sanders, S., (2011), *Epicurus and the Epicurean Tradition*, Cambridge, Cambridge University Press.

Fowler, D.P., (1989), "Lucretius and Politics" in Griffin M. and Barnes J., (eds.), *Philosophia Togata I*, pp. 120-150.

Fowler, D.P. y Fowler, P., (1997), "Introduction", *Lucretius: On the Natura of the Universe*, Oxford, Oxford University Press.

Fraisse, J-C., (1974), *Philía, La Notion d'Amitié dans la Philosophie Antique*, París, Vrin.

Frede, D. y Laks, A., (eds.), (2002), *Traditions of Theology. Studies in Hellenistic Theology, Its Background and Aftermath*, Leiden. Brill.

Frede, M., (1990), "An Empiricist View of Knowledge: Memorism" in *Epistemology*, Everson, S., (ed.), *Companions to Ancient Thought I*, Cambridge, Cambridge University Press, pp. 225-250.

—— (1999), "Epilogue" in Algra K., Barnes J., Mansfeld J., Schofield M., (eds.), *The Cambridge History of Hellenistic Philosophy*, pp. 771-97.

Frede, M. y Striker G., (ed.), (1996), *Rationality in Greek Thought*, Oxford, Oxford University Press.

Furley, D. (1967), *Two Studies in the Greek Atomists*, Princeton, Princeton University Press

— — (1993), "Democritus and Epicurus on sensible qualities" in Brunschwig, J. y Nussbaum, M., (eds.), *Passions and Perceptions: Studies in Hellenistic Philosophy Proceedings of the 5th Symposium Hellenisticum*, Cambridge, Cambridge University Press.

— — (1998) "Knowledge of Atoms and Void in Epicureanism", in Furley D. (1998), *Cosmic Problems, Essays of Greek and Roman Philosophy of Nature*, Cambridge, Cambridge University Press, pp. 161-171.

Furley, D. (1999) "Cosmology" in Algra K., Barnes J., Mansfeld J., Schofield M., (eds.), *The Cambridge History of Hellenistic Philosophy*, pp. 412-451.

Garcia Rua, J.L., (1996), *El sentido de la naturaleza en Epicuro*, Granada, Editorial Comares.

Garcia Gual C. y Acosta E., (1974), *Epicuro. Ética. Texto Bilingüe. La Génesis de una moral utilitaria*, Barcelona, Barral Editores.

Giannantoni, G., (1984), "Tra il Piacere Cinetico nell'Ética Epicúrea" in *Elenchos* N°5, pp. 25-44.

Giannantoni G. y Gigante M., (1996), *Epicureismo Greco e Romano, Atti del Congresso Internazionale Napoli*, 3 vol., Nápoles, Bibliópolis.

Gigandet, A., (1996), "Natura Gubernans, (Lucrèce, V, 77)" in Lévy, C., (ed.), *Le Concept de Nature à Rome. La physique*, Paris, Presses de l'École Normale Supérieure, pp. 213-225.

— — (1998), *Fama deum. Lucrèce et les raisons du mythe*, Paris, Vrin.

— — (2001), *Lucrèce. Atomes, Mouvement. Physique et Éthique*, Paris, Presses Universitaires de France.

— — (2007), "Les principes de la Physique" in Gigandet, A. y Morel P.-M. (eds.), *Lire Épicure et les Épicuriens*, pp. 49-72.

— — (2007), "La Connaissance: Principes et Méthode" in Gigandet, A. y Morel P.-M. (eds.), — — (2007), *Lire Épicure et les Épicuriens*, pp. 73-98.

Gigandet, A. y Morel P.-M., (eds.), (2007), *Lire Épicure et les Épicuriens*, París, Presses Universitaires de France.

Gigante, M., (1992), *Cinismo e Epicureismo*, Nápoles, Bibliópolis.

— — , (1998), "Phýsis: la natura nell'epicureismo" in R. Uglione (a cura di), *L'uomo antico e la natura. Atti del Convegno Nazionale di studi Torino 28-29-30 aprile 1997*, Torino, Celid, pp. 39-92.

Gill, C., (2006), *The Structured Self in Hellenistic and Roman Thought*, Oxford University Press, Oxford.

Gillespie, S. y Hardie, P. (eds), (2007), *The Cambridge Companion to Lucretius*, Cambridge, Cambridge University Press.

Giovacchini J., (2003), "Le Refus Épicurien de la Définition" in *Les Cahiers Philosophiques de Strasbourg, L'Epicurisme Antique N° 15*, pp. 71-89.

— — (2012), *L'Empirisme d'Épicure*, París, Classiques Garnier.

Glidden, D.J., (1980), "Epicurus and the Pleasure Principle" in *The Greeks and the Good Life*, D. Depew (ed.),

Fullerton, California State University, pp. 177-197.

— — (1983), "Epicurean Semantics" in *SUZHTHSIS. Studi Sull' Epicureismo Greco e Latino offerti a Marcello Gigante*, pp. 185-226.

— — (1985), "Epicurean *prólepsis*" in *Oxford Studies in Ancient Philosophy N °3*, pp. 175-217.

Glotz, G., (1904), *La Solidarité de la famille dans le droit criminel en Grèce*. París. Fontenmoig.

Goldschmidt, V., (1977), *La doctrine d'Épicure et le Droit*, Paris, Vrin.

— — (1978), "Remarques sur l'Origine Épicurienne de la "Prénotion" in *Les Stoiciens et leur logique*, ed. J. Brunschwig, Paris, pp. 155-169.

— — (1986), "La época helenística y la transformación de la filosofía" en *Historia de la Filosofía Siglo XXI. La filosofía griega*, México, Siglo XXI Editores.

Gosling, J.C.B. y C.C.W. Taylor, (1982), *The Greeks on Pleasure*, Oxford, Oxford University Press.

Griffin, M. (1989), "Philosophy, Politics and Politicians" in Griffin M. and Barnes J., (eds.), *Philosophia Togata I*, pp. 1-37.

Griffin, M. y Barnes J., (eds.), (1989), *Philosophia Togata I, Essays on Philosophy and Roman Society*, Oxford, Clarendon Press.

Guthrie W.K.C., (1994), *Historia de la filosofía griega III. Siglo V: Ilustración*, Madrid, Editorial Gredos.

Guyau, J-M., (1877), "La Contingence dans la Nature et la Liberté dans l'Homme selon Épicure" in *Revue Philosophique de la France et de l'Étranger, N° 4*, pp. 47-71.

— — (1878), *La Morale d'Épicure et ses Rapports avec les Doctrines Contemporaines*, París, Librairie Félix Alcan.

Hadot, P., (2004), *Le voile d'Isis, Essai sur l'Histoire de l'Idée de Nature*, París, Éditions Gallimard.

— — (2009), *La filosofía como forma de vida*, Alpha Decay, Barcelona.

Hossenfelder, M., (1986), "Epicuro - hedonista malgré lui" in Schofield, M. y Striker, G., (comps.), *Las normas de la naturaleza*, pp. 251-268.

Irwin, T.H., (1986), "Socrates the Epicurean?" in *Illinois Classical Studies II*, pp. 85-112.

— — (1991), "Aristippus against Happiness", in *The Monist N°74*, pp. 55-82.

Isnardi-Parente M., (1969), "*Phýsis* et *Tékhne* dans quelques Textes Épicuriens" in *Actes du VIIIe Congrès de l'Association Guillaume Budé*, pp. 263-271.

Jaeger W., (1952), *La teología de los primeros filósofos griegos*, México, Fondo de Cultura Económica.

Kahn, Ch., (1981), "The Origins of Social Contract Theory in the Fifth Century BC" in Kerferd, G.B., (ed.), *The Sophists and their Legacy*, Wiesbaden, Franz Steiner

Kany-Turpin, J., (2006), "Notre Passé Antérieur Prophétisé? Lucrèce, *De rerum natura*, V, 925-1457" in *Anabases*, N°3, pp. 155-171.

Kerferd, G.B., (1971), "Epicurus' Doctrine of the Soul", *Phrónesis*, N° 16, pp. 80-96.

— — (ed.), (1981), *The Sophists and their Legacy*, Wiesbaden, Franz Steiner.

Konstan, D., (1994), "Friendship from Epicurus to Philodemus," in Giannantoni G. y Gigante M. (eds.), *Epicureismo greco e romano*, pp. 387–396.

— — (1997), *Friendship in the classical world*, Cambridge, Cambridge University Press.

— — (2007a), *Lucrezio e la Psicologia Epicurea*, Vita e Pensiero, Milan.

— — (2007b), "L'Âme" in Gigandet, A. y Morel, P-M., *Lire* Épicure *et les* Épicuriens, pp. 99-116.

Laks, A., (2007), "Plaisirs Cyrenaiques. Pour une Logique de l'Evolution Interne à l'École" in Boulègue, L. y Lévy, C., *Hedonismes: Penser et Dire le Plaisir dans l'Antiquité à la Renaissance*, Villeneuve d'Ascq, Presses Universitaires du Spetentrion, pp. 16-46.

Laks, A. y Schofield, M., (eds.), (1995), *Justice and Generosity, Studies in Hellenistic Social and Political Philosophy*, Cambridge, Cambridge Press.

Long, A.A., (1971), "*Aisthesis, prólepsis* and Linguistic Theory in Epicurus" in *Bulletin of the Institute of Classical Studies* 18, pp. 114-33.

— — (2006), "Pleasure and Social Utility. The Virtues of Being Epicurean" in Long, A.A. *From Epicurus to Epictetus*.

— — (2006), *From Epicurus to Epictetus: Studies in Hellenistic and Roman Philosophy*, Oxford, Oxford University Press.

Luciani, S., (2000), *L'éclair Immobile dans la Plaine, Philosophie et Poétique du Temps chez Lucrèce*. Leuven, Peeters Publishers.

Lledó E., (1984), *El Epicureísmo. Una sabiduría del cuerpo, del gozo y de la amistad*, Barcelona, Montesinos.

Mansfeld, J., (1999), "Sources" in Algra K., Barnes J., Mansfeld J., Schofield M., (eds.), *The Cambridge History of Hellenistic Philosophy*, pp. 3-30.

Manuwald, A., (1972), *Die prólepsislehre Epikurs*, Bonn, Habelt.

Marchand, S. y Verde, F., (eds.), (2013), *Epicurisme et Scepticisme*, Roma, La Sapienza.

Marx, K., (1988), *Escritos sobre Epicuro (1839-1841)*, Traducción Candel, M., Barcelona, Editorial Crítica.

Masi, F.G., (2006), *Epicuro e La Filosofia della Mente, Il XXV Libro dell'Opera Sulla Natura*, Academia Verlag, Sankt Augustin.

Merlan, Ph. (1960), "*Hedoné* in Epicurus and Aristotle" in *Studies in Epicurus and Aristotle*, Klassich-Philogische Studien, Heft 22, Wiesbaden, O. Harrossowitz, pp. 1-37

Mewaldt, J., (1949), *Epikur, Philosoph der Freude*, Suttgart.

Mitsis, P., (1988) *Epicurus' Ethical Theory: The Pleasures of Invulnerability*, Cornell University Press, Ithaca and London.

Mitsis, P., (2015), *L' Éthique d'Épicure. Les Plaisirs de l'Invulnérabilité*, París, Classiques Garnier.

Mill, J.S., (1962), *Utilitarism*, Glasgow, Collins Fount Paperbacks.

Morel, P.-M., (1996), *Démocrite et la Recherche des Causes*, Paris, Klincksieck.

— — (2000a), "Épicure, l'Histoire et le Droit" in *Revue des Études Antiques* N°102, pp. 393-411.

— — (2000b), *Atome et Nécessité: Démocrite, Épicure, Lucrèce*, París, Presses Universitaires de France.

—— (2002), "Les Ambiguïtés de la Conception Épicurienne du Temps," in *Revue de Philosophie*, N°192, pp. 195–211.

—— (2003a) "Corps et Cosmologie dans la Physique d'Epicure. Lettre d' Hérodote" in *Revue de Métaphysique et de Morale*, N° 37, pp. 33-49.

——(2003b), "Epicure et la Fin de la Nature" in *Les Cahiers Philosophiques de Strasbourg*, N° 15, pp. 167-196.

—— (2006), "Epicureanism" in Gill M.L. y Pellegrin P. (ed.), *A Companion to Ancient Philosophy*, Malden-Oxford-Victoria, Blackwell, pp. 486-504.

—— (2007a), "Method and Evidence (*enargeia*): Epicurean *prólepsis*" in *Proceedings of the Boston Area Colloquium in Ancient Philosophy*, N°23, pp. 25-48.

—— (2007b), "Les Communautés Humaines" in Gigandet, A. y Morel P.-M. (eds.), (2007), *Lire* Épicure *et les* Épicuriens, pp. 167-186.

—— (2009), Épicure. *La Nature et la Raison*, París, Vrin.

—— (2010), "Prudence Aristotélicienne et Prudence Épicurienne" in Coitinho, D., Silveira, J. y Hobuss J., (éd.), *Virtudes, Direitos e Democracia*, Pelotas, Ed. Universitária UFPEL, pp. 11-30.

Morel, P.-M., (2012), "Genèse, Analogie, Dépassement. Les Voies du Naturalisme Aristotélicien" in Haber, S. y Macé, A. (éd.), *Anciens et Modernes par-delà nature et société*, Presses Universitaires de Franche-Comté, Besançon, pp. 85-101.

—— (2013), "Conformité à la nature et décision rationnelle dans l'éthique épicurienne" in Rossi G., (éd.), *Nature and the Best Life. Exploring the Natural Bases of Practical Normativity in Ancient Philosophy*, Georg Olms Verlag, Hildesheim –Zürich –New York, 2013, pp. 249-274.

Moore, G.E., (1903), *Principia Ethica*, Cambridge, Cambridge University Press.

Müller, R., (1969), "Sur le Concept de Phýsis dans la Philosophie Épicurienne du Droit" in *Actes du VIII Congrès de l'Association Guillaume Budé*, pp. 305-318.

—— (1972), *Die Epikureische Gesellschaftstheorie* (=SGKA(B) 5), Berlin, Akademie Verlag.

Müller, R., (1983), "Konstituierung und Verbindlichkeit der Rechtsnormen bei Epikur" in *SYZHTHSIS, Studi sull'epicureismo greco e romano offerti a Marcello Gigante*, Nápoles, Biblioteca della Parola del Passato, pp. 153-183.

Németh A., (2017), *Epicurus on the Self*, London, New York, Routledge.

Nichols J.H., (1976), *Epicurean Political Philosophy: The Rerum Natura of Lucretius*, Ithaca-Nueva York, Cornell University Press.

Nikolsky, B., (2001), "Epicurus on Pleasure" in *Phronesis* N° 46, pp. 440-465.

Nussbaum M. (1994), *The Therapy of Desire. Theory and Practice in Hellenistic Ethics*, Princeton University Press, Princeton.

—— (2003), *La terapia del deseo. Teoría y práctica en la ética helenística*, Barcelona, Editorial Paidós.

Obbink, D., (1989), "The Atheism of Epicurus" in *Greek, Roman and Byzantine Studies* N°30, pp. 187-223.

—— (2002), "All Gods Are True in Epicurus", in *Traditions of Theology. Studies* in *Hellenistic Theology, Its Background and Aftermath*, Frede D. y Laks, A. (eds.), pp. 183-221.

O'Connor, D. K., (1989), "The Invulnerable Pleasures of Epicurean Friendship" in *Greek, Roman and Byzantine Studies* N° 30, pp. 165-186.

O'Keefe, T. (2001a), "Is Epicurean Friendship Altruistic?" in *Apeiron N°34*, pp. 269-305.

—— (2001b), "Would a Community of Wise Epicureans be Just?" in *Ancient Philosophy* N° 21, pp. 133-146.

—— (2002a), "The Reductionist and Compatibilist Argument of Epicurus" On Natura, Book 25" in *Phronesis* N° 47, pp. 153-186.

—— (2002b), "The Cyrenaics on Pleasure, Happiness, and Future-Concern" in *Phronesis* N° 47, pp. 395-416.

—— (2005), *Epicurus On Freedom*, Cambridge, Cambridge University Press.

Pesce, D., (1981), *Introduzione a Epicuro*, Roma-Bari, Editori Laterza.

Phillipson R., (1910), "Die Rechtsphilosophie der Epikureer" in *Archiv für Geschichte der Philosophie* N° 23, pp. 289-337

Philippson, R, (1983), *Studien zu Epikur und den Epikureern*, Hildesheim, Zürich, Nueva York, Georg Olms Verlag.

Piergiacomi, E. (2017), *Storia delle Antiche Teologie Atomiste*, Roma, Sapienza Universitá Editrice.

Pigeaud, J.-M., (1984), "Épicure et Lucrèce et l'Origine du Langage" in *Revue des Études Latines* N° 62, pp. 122-144.

Purinton, J., (1993), "Epicurus on the Télos" in *Phronesis* N°38, 281-320.

Quiñonez B., (1999), *El sentido de la filosofía de Epicuro y su conexión con el Protréptico de Aristóteles*, Tucumán, Universidad Nacional de Tucumán.

Renaut, A., (1975), "Épicure et le Problème de l'Être: Sur le Statut Ontologique des Prédicats. Essai de Lecture de la "Lettre à Hérodote" §68-§71" in *Les* Études *philosophiques*, N° 4, pp. 435-465.

Rist, J.M., (1972), *Epicurus. An Introduction*, Cambridge, Cambridge University Press.

—— (1980), "Epicurus on Friendship" in *Classical Philology* N°75, pp. 121-129.

Robin L., (1916), "Sur la Conception Épicurienne du Progrès" in *Revue de Métaphysique et de Morale* Nº 23, pp. 697-719.

Rodis- Lewis G., (1975), *Épicure et son École*, París, Éditions Gallimard.

Rosen, F., (2002), "Utility and Justice: Epicurus and the Epicurean tradition" in *Polis I*, pp. 93-107.

Rosenbaum, S., (1990), "Epicurus on Pleasure and the Complete Life" in *Monist* N° 73, pp. 21-41.

Roskam, G., (2007) *Live Unnoticed: On the Vicissitudes of an Epicurean Doctrine*, Brill, Leiden.

—— , (2012), "Will the Epicurean Sage Break the Law if He is Perfectly Sure that He Will Escape Detection? A Difficult Problem Revisited" in *Transactions of the American Philological Association*, Vol.142, N°1, pp. 23-40.

—— , (2013) "Plutarch's polemic against Colotes view on legislation and politics. A reading of *Adversus Colotem* 30-34 (1124D-1127E)" in *Aitia* [Online], N°3, 2013, Online since 30 May 2013, URL: http://aitia.revues.org/731; DOI: 10.4000/aitia.73.

Salem J., (1993), *Commentaire de la Lettre d'Épicure à Hérodote*, Paris, Éditions OUSIA.

—— (1994), *Tel un Die Parmi Les Hommes, L'Éthique d'Épicure*, París, Vrin.

—— (1997), *La Mort N'Est Rien Pour Nous. Lucrèce et l'Éthique*, París, Vrin.

—— (2013), *Les Atomistes de l'Antiquité: Démocrite,* Épicure, *Lucrèce*, Paris, Flammarion.

Schofield, M., (1991), *The Stoic Idea of the City*, Cambridge University Press, Cambridge.

—— (1996), "Epilogismos: an Appraisal" in *Rationality in Greek Thought*, ed. Frede, M. y Striker, G., Oxford, Oxford University Press, pp. 221-237.

—— (2000) "Epicurean and Stoic Political Thought" in *The Cambridge History of Greek and Roman Politice Thought*, ed. Rowe C. y Schofield M., Cambridge University Press, Cambridge, pp. 435-456.

Schofield, M. y Striker G., (eds.), (1986), *The Norms of Nature: Studies in Hellenistic Ethics*, Cambridge, Cambridge University Press.

Schofield, M. y Striker, G., (eds.), (1993), *Las normas de la naturaleza. Estudios de ética helenística*, Buenos Aires, Editorial Manantial.

Schrijvers, P.H., (1970), *Horror ac divina voluptas:* Études *sur la Poétique et la Poésie de Lucrèce*, Amsterdam, Adolf M. Hakkert.

Sedley, D., (1973), "Epicurus, On Nature Book XXVIII" in *Cronache Ercolanesi* N°3, pp. 5-83.

—— (1982), "Two Conceptions of Vacuum" in *Phronesis* N° 27, pp. 175-193.

—— (1983),"Epicurus' Refutation of Determinism" in *SUZHTHSIS. Studi sull'Epicureismo greco e romano offerti a Marcello Gigante*, pp. 11-51.

—— (1988), "Epicurean Anti-Reductionisrn" in *Matter and Metaphysics*, Barnes, J. y Mignucci, M., (eds.), pp. 295-327.

—— (1989), "Philosophical Allegiance in the Greco-Roman world" in Griffin, M. y Barnes, J., (eds.), *Philosophia Togata I*, pp. 97-119.

—— (1996), "The Inferential Foundations of Epicurean Ethics", in *Epicureísmo greco e romano*, Giannantoni G. y Gigante M., pp. 313-339.

—— (1998), *Lucretius and the Transformation of Greek Wisdom*, Cambridge, Cambridge University Press.

—— (2003), "L'Anti-réductionnisme Épicurien" in *Les Cahiers Philosophiques de Strasbourg* N° 15, pp. 321-359.

—— (2011), *Creazionismo. Il Dibattito Antico da Anassagora a Galeno*, Edizione Italiana a cura di Verde, F., Roma, Carocci editore.

Seel, G., (1996), "Farà il saggio qualcosa che le leggi vietano, sapendo che non sarà scoperto?" in Giannantoni, G. y Gigante, M., (ed.), *Epicureismo greco e romano*. pp. 341-360.

Shaw, J.C. (2007), *"Plato and Epicurus on Pleasure, Perception, and Value"*, Ph.D.

dissertation, Washington University in St Louis.

Sidwick, H., (1981), *The Methods of Ethics*, Indianapolis, Cambridge, Hackett Publishing.

Silva M., (2003), *Epicuro: Sabedoria e Jardim*, Rio de Janeiro, Relume Dumará.

Spinelli E., (2012), "Epistola" in D'Angelo P., *Forme Litterarie della Filosofia*, Rome, Carocci Editore, pp. 147-174.

Spinelli, M., (2014), *Epicuro e as Bases do Epicureismo*, Sao Paulo, Pía Sociedade Sao Pablo, Editora Sao Pablo.

— — , (2009), *Os Caminhos de Epicuro*, Sao Paulo, Ediçoes Loyola.

Strauss L., (2013), *Derecho natural e historia*, Buenos Aires, Prometeo.

Striker, G., (1996), "Epicurus on the Truth of Sense Impressions" in Striker G., *Essays in Hellenístic Epistemology and Ethics*, Cambridge, Cambridge University Press, pp. 77-91.

— — (1996), "Kyriai Doxai" in *Essays on Hellenistic Epistemology and Ethics*, pp. 22-76.

— — (1996), "Ataraxia: Happiness as Tranquility" in *Essays in Hellenistic Epistemology and Ethics*, pp. 183-195.

— — (1996), "Epicurean Hedonism" in *Essays in Hellenistic Epistemology and Ethics*, pp. 196-208.

Taylor, C. C. W. (1980) "All Perceptions Are True" in *Doubt and Dogmatism: Studies in Hellenistic Epistemology*, Schofield, M., Bumyeat M. y Barnes J., Oxford, Oxford University Press, pp. 105-124.

Tsouna, V., (1998), *The Epistemology of the Cyrenaic School*, Cambridge, Cambridge University Press.

— — (2002), "Is There an Exception to Greek Eudaimonism? in Canto-Sperber M. y Pellegrin, P. (ed.), *Le Style de la Pensée. Recueil de Textes en Hommage à Jacques Brunschwig*, Paris, Les Belles Lettres, pp. 464-489.

— — (2007), *The Ethics of Philodemus*, Oxford, Oxford University Press.

Tuilier, A. (1969) "La Notion de Philia dans Rapports avec certains Fondements Sociaux de l'Épicurisme" in *Actes du VIIIe Congrès de l'Association Guillaume Budé*, París, pp. 318-329.

Vander Waerdt, P. A., (1987), "The Justice of the Epicurean Wise Man" in *Classical Quarterly* N°37, pp. 402-422.

— — (1988), "Hermarchus and the Epicurean Genealogy of Morals" in *Transactions of the American Philological Association* N °118, pp. 87-106.

Verde, F., (2013), *Epicuro*, Roma, Carocci editore.

Verlinsky, A., (2005), "Epicurus and his Predecessors on the Origin of Language" in a Frede, D. y Inwood, B., (eds.), *Language and Learning: Philosophy of Language in the Hellenistic Age*, pp. 56–100.

Voelke A-J., (1982), "Droit de la Nature et Nature du Droit: Calliclès, Epicure, Carnéade" in *Revue Philosophique* N°2, pp. 267-275.

— — (1993), *La Philosophie comme Therapie de l'Âme*. Études de Philosophie *Hellénistique*, Fribourg, Cerf, Academic Press Fribourg.

Von Wright, G.J. (1963), "The Hedonic Good" in *The Varieties of Goodness*, London, Routledge & Kegan Paul, pp. 63-85.

Warren, J., (2000), "Epicurean Immortality" in *Oxford Studies in Ancient Philosophy* N°18, pp. 231-61.

— — (2001), "Epicurus and the Pleasures of the Future" in *Oxford Studies in Ancient Philosophy* N° 21, pp. 135-179.

— — (2002), "Democritus, the Epicureans, Death and Dying" in *Classical Quarterly* N°52, pp. 193-206.

— — (2004), *Facing Death. Epicurus and his Critics*, Oxford, Oxford University Press.

— — (2006 a), "Epicureans and the Present Past" in *Phronesis* N°5, pp. 362-387.

— — (2006 b), "Psychic disharmony: Epicurus and Philoponus on Plato's Phaedo" in *Oxford Studies in Ancient Philosophy* N° 30, pp. 235-259.

— — (2007a), "L' Éthique" in *Lire Épicure et les Épicuriens*, Gigandet A. y Morel P-M., (ed.), pp. 117-143.

— — (2007b), "Lucretius and Greek Philosophy" in S. Gillespie y P. Hardie (eds.), *The Cambridge Companion to Lucretius*, pp. 19-32.

— — (2009), (dir.), *The Cambridge Companion to Epicureanism*, Cambridge, Cambridge University Press.

— — (2013), "Epicureans and Cyrenaics on Pleasure as a Pathos" in Marchand, S. y Verde, F. (eds.), *Epicurisme et scepticisme*, Roma, La Sapienza, pp. 127–145.

— — (2015), "Epicurean Pleasure in Cicero's De Finibus" in Annas, J. y Betegh, G., *Cicero's De Finibus. Philosophical Approaches*, Cambridge, Cambridge University Press, pp. 41-76.

Woolf, R., (2004), "What kind of Hedonist was Epicurus?" in *Phronesis* N°49, pp. 303-322.

Zeller, E., (1880), *The Stoics, Epicureans, and Sceptics*, London, Longsman Green and Co., pp. 490-495.

— — (1909), *Die Philosophie der Griechen in ihrer Geschichtlichen Entwicklung*, III, 1°, Leipzig.

www.ingramcontent.com/pod-product-compliance
Ingram Content Group UK Ltd.
Pitfield, Milton Keynes, MK11 3LW, UK
UKHW041638190726
13854UKWH00006B/2559